歴史の真相が見えてくる
旅する日本史

河合　敦

青春新書
INTELLIGENCE

はじめに——日本史で巡ると旅はこんなに面白い！

一年間の三分の一は、地方で講演やテレビのロケをして日本各地を巡り歩いている。

そんな合間に時間をとって、これまで数えきれないほど多くの史跡や寺社、城や博物館を見学してきた。

日本史について書いたり話したりすることを生業にしているので、実際に事件が起こった舞台や現場に出向いてその痕跡を見つけたり、歴史人物の手紙や持ち物を目にしたりすることは、私に新しい気づきや大きな刺激を与えてくれる。


たとえば、天下分け目の合戦が行われた関ヶ原。戦いの勝敗を決したのは、西軍の小早川秀秋の裏切りだったというのは有名な話だろう。

実際に秀秋が陣した険しい松尾山の頂に立つと、眼下に主戦場が一望できる。全体の戦況をつぶさに見ることができたがゆえに、秀秋は戦況を判断して味方に攻めかかる決意をしたのだろう。

逆に西軍側の主な陣地に立つと、眼の前にそびえる松尾山から小早川の大軍がなだれ込んでくるのを見た瞬間、絶望的な気持ちになることは容易に想像できる。西軍がたちまち戦意を喪失してしまうのは、もっともなことなのだ。

このように実際の現場に立つことで、歴史を頭だけでなく身体でも認識することができるのである。


また、訪ねた先で驚くようなレガシーに偶然出会うことも多い。

講演で熊本県八代《やつしろ》市を訪れたとき、九州を統一し日本国王を称した懐良《かねよし》親王の陵墓に立ち寄ったことがある。この折、あちこちに美しい石造りの眼鏡橋や石垣、石灯籠などの石造物があり、あまりの素晴らしさに感激してしまった。

あとで調べたところ、八代地域の石工たちが、日本最大級の石造りアーチ水路橋である通潤橋《つうじゅんきょう》（国宝）や神田万世橋を架設したことを知った。

歴史は時代や地域を超えて、意外なところでつながっていることも多いのだ。

こうした楽しい歴史旅の経験を、自分の胸だけに秘めておくのはもったいないと思うようになった。そこで今回、私が実際に現地を訪れ、心から感動したり驚いたりした史跡や歴史人物を厳選し、一泊二日から二泊三日の旅のプランに仕立ててみた。

みなさんに紹介するのは、以下の六つである。

加賀百万石の金沢城下の旅、土方歳三と行く蝦夷地の旅、吉良上野介義央の真相に迫る東京の旅、明治日本の産業革命遺産を探る九州の旅、北越戦争の悲劇の英雄・鳥居三十郎を知る村上の旅、知られざる名代官・山村蘇門のいた木曽福島を巡る旅――。


一般の旅行ガイドには決して載っていない意外な寺社、史跡や城郭、施設が満載である。そういった意味では、日本史好きの方にはたまらない、「ツウのための歴史旅ガイド」になったのではないかと自負している。

もちろん本書を読むだけでも十分楽しめると思うが、おそらくみなさんは、この旅行記を読み進むうち、本書を片手に私が紹介した日本史旅を追体験したくなるはずだ。

二〇二四年三月　河合敦

本書で紹介する六つの旅のプラン

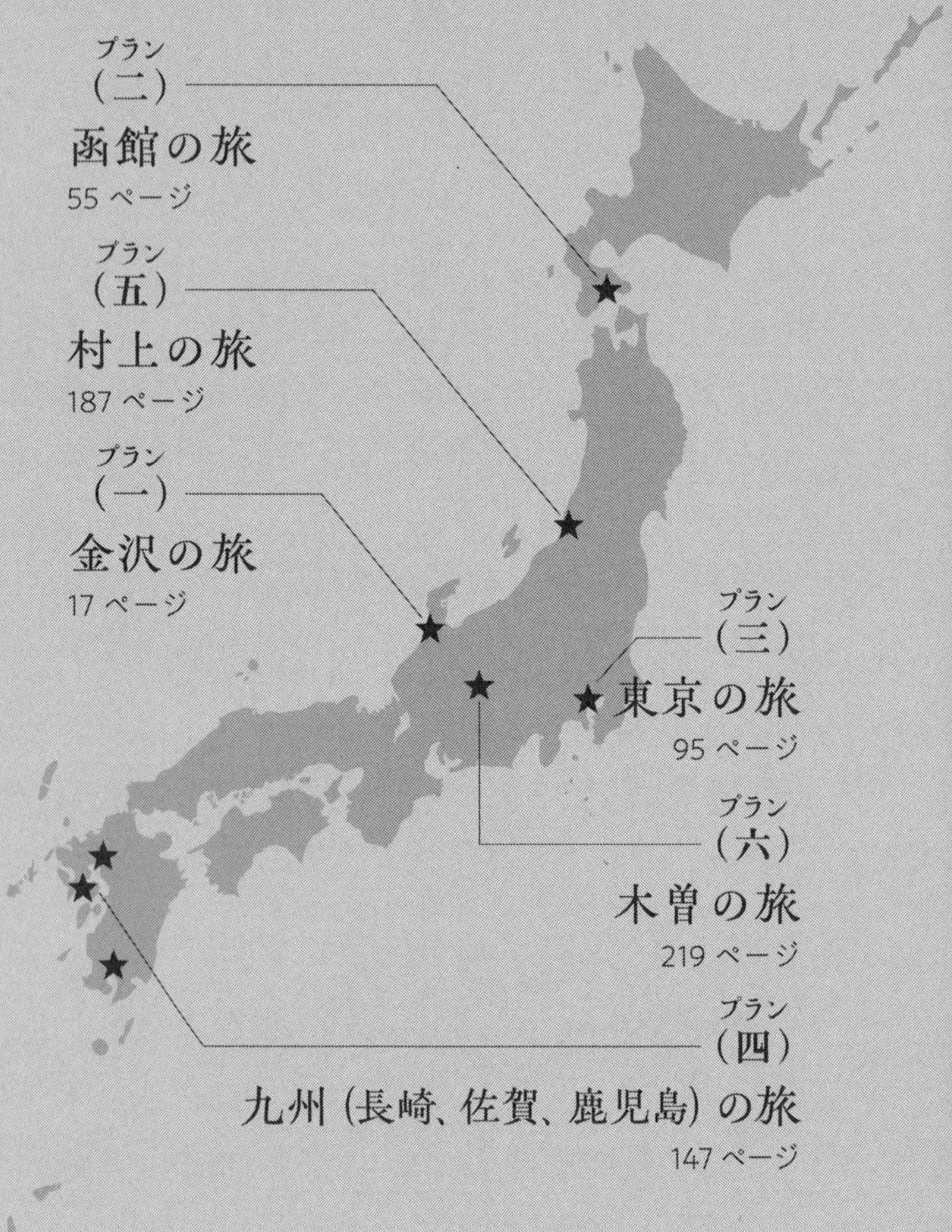

目次

プラン（二）

最果ての地で、あくまで義を通した土方歳三の散り際――函館の旅

目次

プラン（三）

江戸城から泉岳寺へ。歩くと見えてくる元禄赤穂事件の真相――東京の旅

目　次

プラン（四）

名君たちが残した〝技術立国日本〟の礎を辿る――九州（長崎、佐賀、鹿児島）の旅

プラン（五）

戊辰戦争のさなか、命を賭してお家と領民を守った男の物語——村上の旅

プラン（六）

天明の飢饉から領民を救った知られざる名代官、山村蘇門——木曽の旅

目次

本文ＤＴＰ　佐藤純（アスラン編集スタジオ）
カバー・本文写真　アドビストック

プラン（一）

数々の危機を乗り越えた前田家が「加賀百万石」を築くまで

金沢の旅

金沢市街図

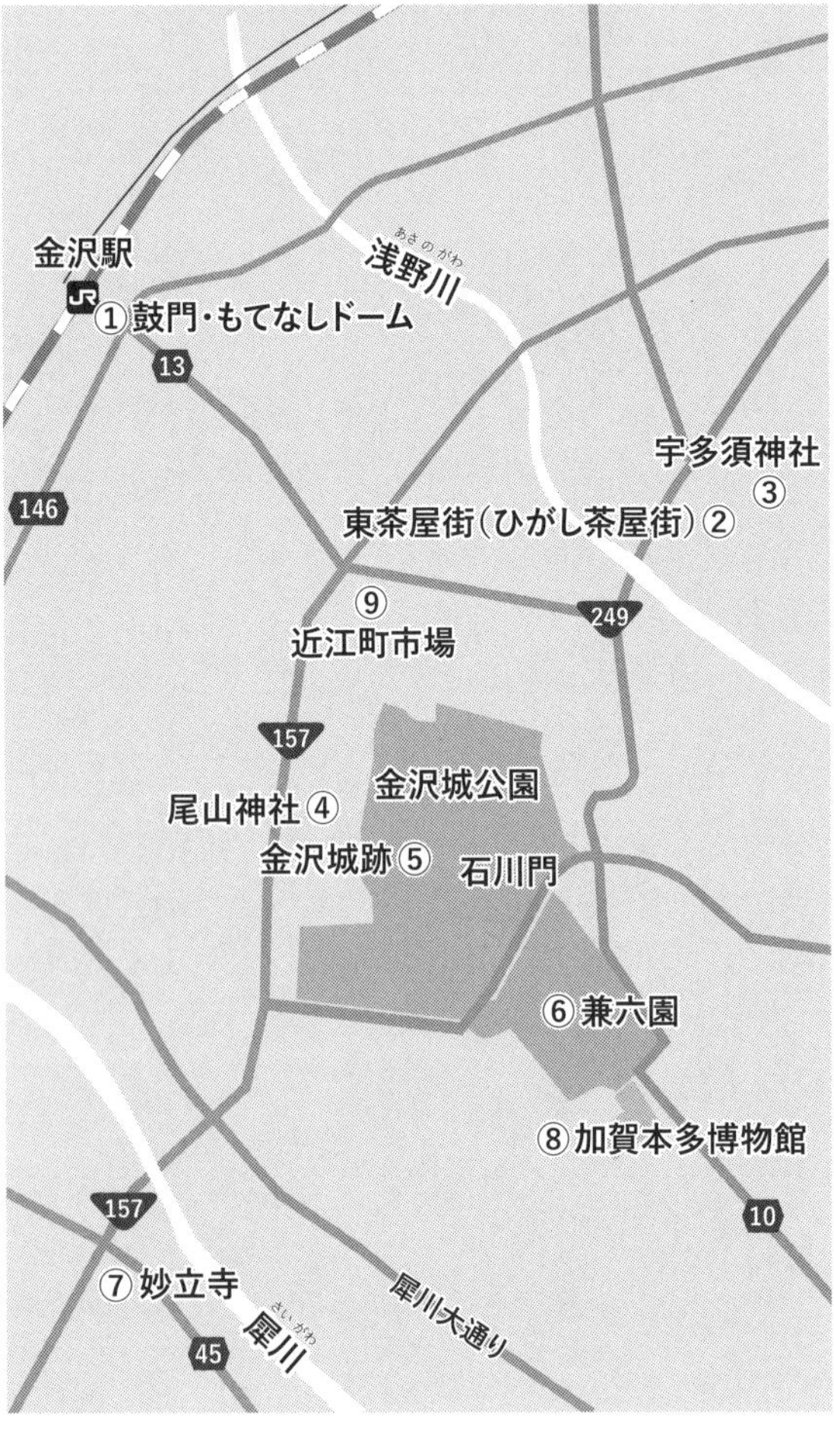

金沢駅
JR
① 鼓門・もてなしドーム
浅野川《あさのがわ》
13
146
宇多須神社
③
東茶屋街（ひがし茶屋街）②
⑨
近江町市場
249
157
金沢城公園
尾山神社 ④
金沢城跡 ⑤
石川門
⑥ 兼六園
⑧ 加賀本多博物館
10
157
⑦ 妙立寺
犀川《さいがわ》
犀川大通り
45

旅の始まりは茶屋街から

もう十一月だというのに、今日の金沢は二十五度を超える夏日だ。今回はとあるテレビ番組のロケで半年ぶりにこの地を訪れた。前日は大阪で『歴史探偵』（NHK）という番組のファンミーティングがあり、そのまま駅ナカのホテルに泊まって特急サンダーバードの始発に乗り込んだ。途中、停電のために列車が止まってヒヤヒヤしたが、どうにか三十分遅れてたどり着くことができた。

金沢駅東口から中央広場に出ると、鼓門《つづみもん》（地図①）という鼓の形をした木組みの門と、巨大な網目状の「もてなしドーム」がドンとそびえ、来るたびにその景観に圧倒される。

このもてなしドームは、雪の多い金沢駅に降り立った客人に傘をそっと差し出すおもてなしの心をコンセプトにしたというが、あまりに大きく目立ちすぎると地元の人たちからは不評だったそうだ。しかし、海外で評判が高まったことで批判の声はおさまり、今では金沢の象徴になりつつある。

今回の旅は、加賀百万石の前田家の成り立ちを知るというコンセプトで巡っていく。メジャーな場所に加えて知られていない史跡も紹介し、金沢の面白さを歴史的に深く掘り下げてみたい。

鼓の形をした木組みの「鼓門」と、
その奥が網目状の大屋根「もてなしドーム」

最初に訪れたのは、東茶屋街（ひがし茶屋街・地図②）だ。文政三年（一八二〇）に誕生した二百年の歴史を持つ加賀藩公認の遊里である。江戸時代の茶屋というのは、喫茶店でも茶葉を売る店でもない。芸妓と酒食を共にし、楽しむための遊興施設のことである。

　加賀藩前田家十二代藩主・斉広《なりなが》の時代、加賀藩は金沢城下に散在していた茶屋を東と西に集めて街とした。そして町全体を板塀で囲み、木戸から街の中へ入る仕組みにした。残念ながら西茶屋街は廃《すた》れて当時の面影を失ってしまったが、東茶屋街の方は出格子《でごうし》の立派な建物が道の両側に並ぶなど、今なお江戸時代の雰囲気をよく残している。この町並みは現在、国の重要伝統的建造物群保存地区に指定されている。

　現在も営業している茶屋が数軒あり、「一見さんお断り」のしきたりを守っているそうだ。ただ、志摩と懐華樓《かいかろう》という二つの茶屋は拝観料を払えば建物内部を見学できるので、興味のある方は往時の茶屋をしのぶのもよい。また、遊廓のような紅殻格子《べんがらごうし》の建物も残るので、町並みを歩いて外観を堪能するだけでも楽しいだろう。

なぜ金箔づくりが盛んになったのか

多くの観光客が訪れるひがし茶屋街

まだ午前十一時前だったが、茶屋街にはすでに多くの観光客がいた。外国人も多かったが、着物姿の女性がかなり目立った。ぶらぶら歩いていると、行列のできている店がある。店先には金箔ソフトクリームの大きな看板が出ている。金箔と言えば金沢の代表的な特産品だが、なんと国内産の金箔のほぼ百%が金沢で生産されているそうだ。

にもかかわらず、金沢で金箔がつくられるようになった時期は特定できていない。文禄二年（一五九三）、豊臣秀吉が金沢城主の前田利家に七尾で金箔、金沢で銀箔をつくるよう命じたのが最古の記録だという。ともあれ、このとき金沢で製造されたのが金箔ではなく銀箔だというのが面白い。

金沢は雨が多くて湿気がある土地柄のため、気候的に箔を打つのに適している。おそらく戦国時代から金銀箔づくりが行われていただろうし、原料の金も豊富にとれたはずだ。そもそも、金沢という地名からして金に由来している。

地元にはこんな伝承が残っている。

山芋を掘って生計を立てている藤五郎という正直者がいた。ひょんなことから大和国の長者の娘・和子を嫁にしたが、藤五郎は彼女が持参した家財道具や服を、貧しい人々に分け与えてしまう。そこで長者が娘のために砂金を送ってよこしたが、藤五郎は稲を食べる雁の群れを追い払おうと、砂金袋を投げつけてどこかに無くしてしまったのだ。

これを知った和子は嘆き悲しんだ。すると藤五郎は「あんなものは、山芋の髭にいくらでもくっついている」と言ったのだ。驚いた和子が、いつも藤五郎が山芋を洗っている泉に行くと、大量の砂金が水の中に沈んでいるではないか。こうして二人は、この砂金で豊かに暮らすようになったという。

金沢の地名はこの「金を洗った沢（金洗沢）」に由来し、兼六園の南、金澤神社のそばにある「金城霊澤《きんじょうれいたく》」がその泉だと伝えられている。

こうした金《きん》にまつわる伝承を持つ金沢だが、江戸時代に金箔を生産していた確実な記録は残っていない。その理由は、幕府がたびたび箔打ち禁止令を発し、箔の生産を独占していたからだと思われる。たとえ金箔をつくっていても、おおっぴらにはできなかったのだ。そういう意味では、金箔は江戸時代からの金沢の伝統工芸だとは言えない。箔打ちの記録が登場するのは幕末からであり、名産品になるのは明治時代、一気に生産量が伸びたのは大正時代のことなのだ。

さて、話を金箔ソフトクリームに戻そう。

テレビでたびたび取りあげたこともあり、すっかり金沢スイーツとして定着しているが、意外にもその歴史は浅く、北陸新幹線が金沢まで伸びた二〇一五年に誕生したという。まだ十年も経っていないわけだ。

東茶屋街では食べ歩きが禁止されているので、ソフトクリームは店内でいただいた。店員さんが箔打ち紙（ふるや紙）から竹箸で金箔を剥がし、ソフトクリームに貼りつける技は見事だった。口で微妙に息を送って金箔がからまないようにしつつ、クリームの表面に貼るのはかなりのコツがいるはずだ。金箔自体に味はないが、口に入れたときアルミホイルの食感があった。金は消化されずに体外に排出されるので、健康には問題ないという。

藩祖・利家のどん底からの出世劇

東茶屋街を抜け、かつて前田利家を祀っていた宇多須《うたす》神社（地図③）にやって来た。「利

前田利家が最初に祀られていた宇多須神社

家を祀ったのは、尾山神社じゃないの？」。金沢を訪れたことのある方は、きっとそう思ったはずだ。

確かに尾山神社（地図④）は前田利家と正妻・まつを祀る神社で、色ガラスの入った洋風の神門《しんもん》があるため人気の観光スポットになっている。しかし、こちらは明治時代になってから創建された社で、江戸時代に利家を祀っていたのは宇多須神社の方なのだ。利家の霊は、明治になってから尾山神社へ遷座されたのである。

もともと宇多須神社があった場所には、奈良時代に創建された多門社《たもんしゃ》が鎮座しており、慶長四年（一五九九）、二代加賀藩主・前田利長が父・利家を祀り宇多須八幡宮とした。宇多須という珍しい名の由来だが、近くで出土した銅鏡の裏面に、卯《う》と辰《たつ》の紋様が刻まれていたからだという。

本殿には、前田家の家紋である梅鉢紋《うめばちもん》をかたどった大きな提灯がぶら下がっている。菅原道真の天神社などと同じ家紋なのは、先祖を道真とする伝承があるからだ。

加賀藩祖・前田利家は尾張国荒子城主・利春の四男として生まれ、十四歳のときに又左衛門尉と称して織田信長に仕え、初陣で敵の首をとる活躍を見せた。戦場では大槍をふるってたびたび武功をあげ、「槍の又左」と讃えられたが、人を殺したことで織田家から追放されてしまう。

利家はあるとき、拾阿弥《じゅうあみ》という信長の同朋衆（茶坊主）に刀の笄《こうがい》を盗まれた。事件は信長の仲裁で解決したが、恨みに思った拾阿弥が利家の悪口を言いふらしたため、カッとなって斬殺してしまったのだ。しかも、信長が見ている前で殺害に及んだという。激高した信長は利家を処刑しようとしたが、重臣たちの取りなしで一命は許された。しかしながら、織田家からは放逐されてしまった。

その後、利家は熱田神宮の社家に居候するなど苦しい生活を強いられたため、自分の短気を悔いて織田家への帰参を願い、桶狭間の戦いに許可なく参陣した。そして今川軍と戦って敵の首を三つも奪い、信長の前に差し出した。だが、信長は帰参を許さなかった。偉いのは、そこで利家があきらめなかったことである。翌年の森部合戦にも参戦し、有名な敵将を倒したのだ。さすがの信長も、その働きに免じて利家の再出仕を許可した。

利家は小姓を経て馬廻役となり、戦いでは赤母衣衆《あかほろしゅう》のリーダーとなった。母衣衆とは、戦いのさなかに本陣と前線の連絡にあたる職。危険をおかして戦場を走りまわり、各持ち場に軍令を伝えるとともに、戦況を信長に報告するのだ。また、状況に応じて戦闘にも加わり、志気を高める役割も担っていた。実際、元亀元年（一五七〇）の春日井堤の戦いでは、一向門徒に敗れて逃げる味方のなかで、たった一人堤の上に踏みとどまり、大槍をふるって自軍を叱咤した。それによって織田軍が盛り返すという大功を立てている。

秀吉の信頼を得て後見役を任される

ただし、利家に期待されていたのは現場での活躍（伝令や槍働き）だった。一方、若いころからの友である木下藤吉郎（羽柴秀吉）はその才覚を認められ、一軍の将として信長の軍議にも参加するようになった。

かつて同僚だった二人だが、秀吉はキャリア畑、利家はノンキャリア畑と、歩む道が分かれた。与えられる禄（給与）も、秀吉の方がはるかに上だった。

そんな利家が一軍の将となったのは、天正三年（一五七五）の長篠の戦いが最初だった。信長が急激に領国を拡大したために将官が不足し、ノンキャリア組から有望な人材をキャリア組に転身させたようだ。そういった意味では、もし利家が織田家に属していなかったら、一武人のまま生涯を終えていたことだろう。ちなみに長篠合戦において、利家は一千名の鉄砲隊を指揮した。

　このころから利家は、信長の命で柴田勝家（織田家の家老）の与力（応援）として北陸方面で戦うようになる。ところが天正十年（一五八二）六月に本能寺の変が起こり、信長の仇を討った羽柴秀吉が織田家で急激に台頭する。すると勝家が反発し、翌年二月、柴田軍が近江柳ヶ瀬へ攻め込んで賤ヶ岳合戦の火ぶたが切って落とされた。利家は柴田方として戦場に出向いたが、友人の秀吉につくか恩人の勝家に味方するかで苦悩する。だが、柴田方の佐久間盛政が崩れると、戦わずして戦線から離脱し越前府中へ戻ってしまった。その後、秀吉軍が来襲するとただちに降伏した。

　一連の動きについて、よく利家は友情をとったと言われるが、やはり家の存続を考えて優勢な羽柴方に寝返ったのだろう。

　ともあれ利家は以後、秀吉に忠実に仕えて絶大な信頼を受けた。そんな利家を妬む者もあったようで、利家が病気で秀吉の寺参りに供奉できなかった際、「利家は謀反を企《たくら》んでいる」と秀吉に讒訴《ざんそ》した男があった。

　すると秀吉は「俺が死んだとき、涙を流してくれる友人をそのように言うとは許せない」と激怒。ただちにその者を捕らえて利家のもとへ護送したという。秀吉の利家に対する信用の度合いがわかる。やがて利家は豊臣政権の五大老となり、秀吉の臨終に際して跡継ぎ・秀頼の後見を委ねられた。

ところが同じ五大老の徳川家康は、わざと豊臣政権の結束を乱し、天下を狙いはじめた。看過できずに利家がその行動を詰問すると、家康は素直に謝罪して事をおさめたという。自分に味方すると信じていた武将が少なからず利家側に加担したので、天下をとるのは時期尚早と判断したのだろう。

味方についた大名の借金を免除

このように、利家には人望があった。それは利家の次の言葉からも推察できる。

「自分より下の地位にある者への手紙は、丁寧に書くべきである。それを見た相手はかたじけなく思うだろう。目下だからといって、乱暴でいい加減に書くのは、私とお前はこんな立場が違うのだと言っているようなもので、愚か者のやることだ」

社長や上司から丁寧な直筆の手紙をもらったら、部下の誰もが感激するだろう。「槍の又左」の異名から武人的なイメージが強いが、人心をつかむことにも長けていたのだ。

さらに意外なことに、利家には卓越した経済観念があった。金銭の力というものを大変重視し、よく家臣たちに「とにかく金を持つことだ。金を持てば人も世の中も恐ろしくなくなる。逆に貧乏すると、世の中が恐ろしく思えてくる」と教えていた。

そして常に算盤を携帯し、自ら領内の収入や戦費の計算をして莫大な財産を築き上げた。

若いころ、信長に追放されて貧窮した体験が大きく影響しているのだろう。

そんな利家から融資を受けた大名も多かった。利家が金を貸したのは、利子で儲けるためでも、単なる親切心からでもない。利家は死ぬ直前、嫡男の利長に諸大名の借金証文の束を手渡し、「俺の死後、前田家の味方になった大名にはこの証文を返し、借金を免除してやれ。そうすれば前田家の勢力は増大する」と遺言したという。借金証文には、伊達政宗、細川忠興、堀秀治《ひではる》といった蒼々たる武将のものも含まれていた。

さすがに歴戦の兵、利家は油断ならない男でもあったわけだ。そんな人物だったからこそ、加賀百万石の礎を築くことができたのだろう。ただし、利家の時代の前田家はまだ百万石の大名ではなく、八十三万石程度だったと言われている。

いずれにせよ、宇多須神社には加賀藩祖・利家が祀られているので、ぜひ金沢に訪れた折には現地に足を運んでほしい。ちなみに、本殿に近づくと等身大の忍者の人形が何体か隠れているので、少しギョッとする。北陸大学の学生たちが観光客、特に外国人が喜ぶということで設置したのだそうだ。

加賀一向一揆の拠点につくられた金沢城

続いてはベタな観光地だが、歴史的に決して外せない場所、そう、金沢城跡（地図⑤）に

金沢城の東側の入口である石川門

向かおう。宇多須神社からなら、歩いて二十分程度で着く。再び東茶屋街を抜け、浅野川を渡るともう遠くに城が見えてくる。

賤ヶ岳合戦以降、前田利家は金沢城を拠点にするようになった。以後は明治初年まで、前田家はこの城を本拠地としてきた。

ただ、もともとの金沢城は一向寺院であった。北陸に進出した本願寺八世の蓮如が爆発的に信者を増やしたので、加賀は一向宗が大変盛んな国となった。長享二年（一四八八）には、加賀の一向宗門徒（国人や農民）が一揆を結んで守護大名の富樫政親を滅ぼした。そして、富樫一族の泰高を守護に据え、なんと百年間に渡って加賀の一向門徒は合議による自治を行ったのである。このため、世人は加賀を「百姓の持ちたる国」と呼んだ。

しかし、そんな加賀の一向一揆は織田方の柴田勝家によって完全に平定され、この地にあった一向宗の金沢御堂《みどう》（尾山御坊《ごぼう》）も天正八年（一五八〇）に破壊されてしまった。その跡地に金沢城を建てたというわけだ。しかし、最初の城主は前田利家ではない。意外に知られていないが、勝家の重臣・佐久間盛政が金沢御堂跡に金沢城をつくったのである。賤ヶ岳の戦い（天正十一年）の後、利家がそれを引き継いだというわけだ。

金沢城は当初、土を掻き上げただけの質素な平城だったが、文禄年間に利家が石垣工事を息子利長に命じ、強固なものに変えようとした。ところが、利長が積ませた石垣はたびたび崩れたので、業を煮やした利家が篠原一孝に工事を担当させたところ、利長は立腹して越中守山へ勝手に帰ってしまったという。

ちなみに金沢城の縄張り（設計）は、高山右近が担ったと伝えられる。右近といえば、秀吉からキリスト教の棄教を命じられた際、これを拒んで領地を没収された戦国大名だ。この時期、右近は前田家の客将となっていたが、築城の天才として知られることから、利家の希望で縄張りを担当したものと思われる。

金沢城は「石垣の博物館」

では、かつての搦手《からめて》（裏門）から橋を渡って石川門を通り、金沢城内へ入っていこう。といっても、金沢城はかつて、城下町を濠や石垣で取りこんだ惣構えと呼ばれる形状で、大坂城と同じように巨大な城域を誇っていた。だから､正確には「主郭部へ入っていこう」

と言うのが正確かもしれない。今でも市内各所には惣構えの遺構が残っているので、時間に余裕があれば、そうした痕跡を巡るのも楽しい。

搦手にある石川門は、二階建の菱櫓《ひしやぐら》や門で構成された枡形虎口《ますがたこぐち》という構造になっている。簡単に言うと、門の内側へ入ると三方に高い石垣がそびえ、その上に設置された櫓などの建物から一斉に侵入者を攻撃できる仕組みだ。この場所をくぐり抜けて城内へ入るのは至難の業である。

ちなみに、金沢城の石垣には多くの文様（一説には二百種類以上）が刻まれている。また、石積の手法も時代ごとに異なり、なおかつ、違う色の石をうまく組み合わせてある。そんなことから「石垣の博物館」という異名がつけられているほどだ。城の石は、近くの戸室山から切り出されたものだが、火山噴火の際、地中に石がくぐったか地表に出たかによって色が異なる。そうした色の違う石をうまく組み合わせて石垣を積み、コントラストやグラデーションで美しさを演出しているのだ。

石川門の中へ入ると、左側が古い石垣（江戸初期の三代藩主利常の時代）、正面と右側が宝暦の大火（一七五九）以降の石垣で、素人目にも積み方や石の大きさがまったく違うことがわかる。特に古い石垣には多くの刻印が押されているが、これは各石工集団のマークだと考えられていて、「卍」などなじみのある文様もある。

石垣を楽しみながら奥へ進んでいくと、広大な芝生の広場（新丸広場）が広がり、彼方に長大な石垣を持つ構造物が見える。三層三階の菱櫓と橋爪門続櫓《つづきやぐら》を、二層二階の五十間長屋（多門櫓）で連結した建物だ。

平成十三年（二〇〇一）に復元された菱櫓（右）、五十間長屋（中）、橋爪門続櫓（左）

櫓や長屋は当時の設計図をもとに釘やボルトを使用しない伝統的な木造軸組工法で忠実に再建されているが、内部にはエレベーターが設置されるなどバリアフリー構造になっている。

まずは、外見から建物をじっくり堪能することをおすすめしたい。特に鉛で葺《ふ》いた瓦、土蔵の頑丈さを利用した海鼠《なまこ》塀が美しい。驚かされるのは、海鼠塀の裏側に回ると、鉄砲《てっぽう》狭間《はざま》が隠されていることだ。正面から見ても土塀にしか見えないが、裏の薄い板をぶち抜くと、狭間が現れる仕組みになっている。

菱櫓もユニークだ。その名の通り、建物の形状が菱形になっている。あえて正面を鈍角（約一〇〇度）にしているのは、見張りの際の視野を広げるためだという。菱櫓自体は江戸期にたびたび焼失しており、現在用いられている礎石《そせき》は、十八世紀後半に再建されたときに大屋根を支えたものだ。

厚さ六十センチ、縦百六十センチ・横七十センチの馬鹿でかい礎石で、驚くことに地下一メートルのところに埋まっていたという（普通は地上に置かれている）。さらに、礎石の下には鉄製のかすがいがはめ込まれていた。つまり、柱自体も地中に埋まっていたことになる。柱の腐食を防ぐため、その周囲は細かい石で覆い尽くされていた。これは大変珍しい工法で、専門家によると、地面に礎石を置くより柱が安定するそうだ。

かつて金沢城の本丸にも天守は存在したが、慶長七年（一六〇二）の落雷で焼失して以後、財政難のために再建されることはなく、代わりに三層櫓を建てた。このため天守があった本丸地区は廃れ、藩主は二の丸御殿に居住するようになった。現在、二の丸御殿の発掘調査がほぼ終わり、数年後から順次、建物の復元を行うことになっている。

ちなみに利家は、自身の出身地である「尾張国」にも通じることから、金沢城を「尾山城」と改名したが、すでに金沢の地名が定着していたので、結局は金沢城と呼ばれるようになったという。

関ヶ原合戦での判断が功を奏する

利家は関ヶ原合戦の前年に亡くなったが、息子で前田家の当主になった利長は、天下分け目の合戦では家康の東軍についた。ただ、利長は関ヶ原の戦場に姿を現していない。家康は二万五千を擁する前田軍を東軍の先鋒と合流させ、美濃攻めに参加させたかったので、利長と交戦する小松城主の丹羽長重に前田家と講和するよう働きかけた。こうして和睦がなされ、八月末の時点で利長は出兵が可能だったが、九月十一日まで進発せず、結局は関ヶ原合戦に間に合わなかった。

利長は出陣しない理由を弟・利政のせいにした。利政は二十二万五千石を領する能登七尾城主。当初は兄に従って西軍方の大聖寺城《だいしょうじじょう》を攻めたが、その後は態度を硬化させ、美濃へ出向くことを拒んだのである。

『改正三河後風土記』によれば、三成の密書を受け取り、大義を思って西軍に寝返ったといい、『象賢紀略』は、妻が大坂で西軍の人質になっていたので東軍に加担できなかったと記す。いずれにしても、このわがままな弟を説得するうちに日が経ち、彼なしで出兵したのが九月十一日。ゆえに十五日の合戦当日に間に合わなかったと弁明したのだ。

もちろん本当は、兄弟で東西に分かれることで前田家を残そうとしたのだと思う。ただ、わずか数時間で天下分け目の合戦に決着がつくとは思わず、日和見をしているうちに遅参したのだ。つまり利長は、戦況の見極めを誤ったのだろう。

いずれにせよ大失態である。だが家康は北陸での利長の行動を評価し、戦後の論功行賞では、丹羽氏や山口氏の旧領とともに没収した利政の能登四郡も下賜した。これによって、利長は百三十万石の大大名になった。前田家は、兄弟で東西に分かれるという行動によって、うまく危機を乗りきったのである。

戦後、利長は利政の子孫に一万一千石を与えて重臣に取り立て、藩政の中枢を担わせた。身を犠牲にすることになった利政への罪滅ぼしだろう。利政本人は、京都嵯峨で悠々自適の生活を送り、寛永十年（一六三三）に死没した。

兼六園にある意外な見どころ

金沢城を見たあとは、隣接する兼六園（地図⑥）を訪れたい。水戸偕楽園、岡山後楽園と並ぶ日本三名園の一つだ。

最初に作庭《さくてい》したのは前田家五代藩主・綱紀である。ちょうど私が訪れたときは紅葉の真っ盛りで、さらに日本海特有の湿った雪から枝を守る「雪吊り」が施された松の木を見ることができた。よくテレビのニュースで見る冬の風物詩の一つだ。

園内は広く、夕顔亭、翠滝《みどりたき》、瓢池《ひさごいけ》、徽軫灯籠《ことじとうろう》、虎石《とらいし》、内橋亭、時雨亭《しぐれてい》、雁行橋、根上松《ねあがりまつ》、花見橋、鶺鴒島《せきれいじま》、金城霊沢など見どころが多いが、私のおすすめの歴史遺構は池から吹き上がる噴水である。音をたてて水が三メートル以上噴出しているが、なんとこれは幕末につくられた日本最古の噴水だと言われる(諸説あり)。一切電気を利用せず、サイフォンの原理によって吹き上げられているのだ。

日本最古の噴水と雪吊り

兼六園を堪能しているうちに陽が傾いてきたので、今日の活動はここまでとしよう。

落とし穴や隠し階段などの驚くべき仕掛け――

二日目は妙立寺(地図⑦)からスタートする。

金沢駅からバスで約三十分。車だと十五分程度で到着する。この妙立寺は、三代加賀藩主・前田利常が寛永二十年(一六四三)に金沢城内にあった祈願所を城下に移し創建した日蓮宗寺院だ。

以下、妙立寺のウェブサイトからの引用である。

利常は金沢の街をはじめとして、幕府の軍勢を迎え撃つ為の態勢を整えていった。金沢城を挟む犀川と浅野川を自然の濠に見立て、両河川の外側に寺院群を移築し、城の防備とした。特に、犀川は川幅もあり、寺町台からは急な斜面となり、しかも現在の犀川大橋以外には橋を架けることなく渡し船を用いた。これは、福井方面からの幕府軍勢の侵攻を想定したもので、金沢城が直接攻撃される以前に寺町台で迎え撃つとの計画に基づき、寺町寺院群に出城の役目を持たせたものといわれる。その中で、当山は短期間に能登石動山、新竪町そして現在地へと移転が行われ、寺町寺院群の中では比較的遅い時期（一六五〇年代）に移築された。以降、前田家の祈願所として歴代藩主自らが参詣し、武運長久と庶民の安穏を祈願した。また一方では、万一の場合の出城として、その中心的役割を持たせたと言われる。

百万石を超える外様大名ゆえ、江戸時代初期、前田家は幕府と緊張状態にあり、攻め込まれる危険もあった。そのため、妙立寺は藩主の避難所（出城）としての役割を果たしたのだという。だがこのお寺、ただの仏教寺院ではない。

建物全体が迷路のようになっているうえに、あちこちに驚くべき仕掛けがしてあるのだ。たとえば、本堂にある賽銭箱は落とし穴として活用することを想定しており、夜中にうっかり本堂から忍び込むと二、三メートル下に転落してしまう。また、物置の戸を開いて床板を外すと表へ続く抜け道があったり、いくつも隠し部屋があったりと、あちこちに藩主を守る細工が施されているのだ。まるで忍者屋敷のようなので忍者寺と呼ばれ、今では外国人観光客にも人気のスポットになっている。あまりの人気で、コロナ前に出向いたときは二時間近くも待つことになった。ただ、意外な仕掛けは間違いなく驚きの連続なので、みなさんもぜひ一度、訪ねてみるとよいだろう。

忍者寺とも呼ばれる妙立寺

ちなみに、妙立寺を城下に移築した三代藩主利常は、鼻毛を伸ばしたり小便禁止のところで立ち小便をしたりと、とてつもない変わり者だったという。しかしこれは、わざと阿呆なふりをして幕府の警戒を解くためだったと伝えられる。やはり百万石を超える外様大名には気苦労が多いようだ。

利常が徳川家から珠姫《たまひめ》（二代将軍秀忠の娘）を正室に迎え入れたのも、前田家安泰のためだった。利常は、珠姫との間に生まれた長男光高（四代藩主）にも、三代将軍家光の養女・大姫《おおひめ》を娶《めと》らせている。こうして、将軍家との縁戚関係を強固なものにしたのである。

前田家が直面したお家断絶の危機

そんな前田家の危機は、正保二年（一六四五）四月五日に突如訪れた。四代藩主の光高はこの夜、老中の酒井忠勝らを自邸に招いて酒宴を開いていたが、宴たけなわでにわかに昏倒、そのまま息絶えてしまったのだ。まだ三十一歳の若さだった。

それまで大きな病気もなかったため、忠勝とともに訪れた幕府の役人が毒を盛ったのだとか、光高を憎んでいた近習の一人が毒殺したのだといった、あらぬ噂が流れた。

いずれにせよ、光高の嫡男・綱紀はまだ三歳だった。幼児でも嫡男がいれば家督の継承は許されるが、その後に幼君のもとで一族・重臣間の権力争い（御家騒動）が勃発し、幕府から支配の不手際を責められて改易や減封をされるケースが多かった。山形の最上氏、熊本の加藤氏などはその典例である。

幸いなことに、前田家では綱紀の祖父（光高の実父）である利常が健在だった。このため、十三年間は利常が政務をとったので、取り潰されるような事態は起こらなかった。

利常が後見を務めていた慶安四年（一六五一）から明暦二年（一六五六）まで、「改作法」と称する農政改革が推進された。家臣が土地を直接支配することを禁じたのだ。前田家では多くの藩士が知行地を与えられ、彼らは支配下の村々から直接税を徴収していた。そのため税率も各村バラバラで、生活が苦しい藩士のなかには、知行地へ出向いて農民からさらに税を取り立てる者もいた。

そこで利常は、各村の年貢を藩の役人が一律に集め、知行高に応じて家臣たちに米を分配する俸禄制に切り替えた。もちろん年貢率も一定にした。それまでは役人が毎年秋の作柄を見て年貢率を決める検見法を採用していたが、以後は収穫の豊凶にかかわらず毎年一定の年貢を上納させる定免法にしたのである。

農民にとっては実質的な増税であり一揆が起こってもおかしくなかったが、利常は農民の反抗を許さないシステムを構築した。改作奉行を新設し、その下に十村《とむら》と称する村役人を置いたのだ。それ以前は名主（庄屋）と呼ばれる村役人が村の年貢を一括して藩や領主に納めていたが、十村は名主より力の強い村役人で、手に槍を持って農民らを威嚇しつつ年貢の徴収にあたった。

しかし、あまり支配を厳しくしすぎても農民が離反したり没落したりしてしまう。そこで貧農には、籾《もみ》や米を貸与する救済措置を施した。ただし、それは勤勉な者に対してであって、怠け者は容赦なく追放した。改作奉行の一人である山本清三郎は、こうした政策を忠実に実行したので、人々から「鬼清三郎」と畏怖された。こうした改作法によって、前田家の財政は安定した。

文化都市・金沢の礎を築いた名君

利常は孫の綱紀の正妻に、会津藩主・保科正之の娘を選んだ。正之は将軍家綱の叔父で幕閣の中心人物だったので、その庇護を受けようとしたのだろう。こうして万治元年（一六五八）七月、十六歳の綱紀は正之の娘・摩須（十歳）を正室に迎えた。これで肩の荷が下りたのだろう、この年、利常は六十六歳で逝去した。

以後は数年間、加賀藩では保科正之の主導で重臣らの合議による政治運営がなされた。この間綱紀は、自分の屋敷から二里（八キロ）も離れた芝の保科邸にたびたび通い、君子としてのあり方や政務について、正之からさまざまな教えを受けた。そして二十代半ばになると、重臣の合議制をやめて綱紀は親政を開始する。

特筆に値する政策として「非人小屋」の設置がある。加賀藩では貧窮のあまり物乞いに転落したり、犯罪に走ったりした領民を「非人」と称したが、寛文十年（一六七〇）、彼らを困窮から救うための社会福祉施設をつくったのだ。

施設にはなんと千七百五十三名が保護されたという。部屋は男女別々で、男には一日米三合、女には二合が給付され、さらに塩と味噌、衣服も配給された。当時としては十分な量であり、病気になるとさらに手厚い保護が与えられた。ただ、老人や子供、障害者と病人以外は職業訓練が課された。草鞋《わらじ》や束子《たわし》づくり、刀剣づくりなど、手に職をつけさせて社会復帰させるためだ。施設内の男女に所帯を持たせ、農具や住居を与え、農地の開墾にあたらせることもあった。こうした開拓民によって広大な土地が開発され、綱紀の時代に開かれた田んぼはゆうに二十万石を超えたという。

綱紀は五将軍綱吉から大変気に入られ、徳川御三家と同様、白書院（応接所）での将軍謁見が許された。こうした厚遇は、綱紀の学識が深く、当時として第一級の文化人だったからだと言われる。好学な綱吉は、綱紀を呼んでは『論語』や『大学』の一節を講じさせている。綱紀は、木下順庵や室鳩巣《むろきゅうそう》、稲生若水《いのうじゃくすい》といった儒者や学者を多く抱えていた。彼らから学問を学ぶだけでなく、国内で著名な学者や諸芸に秀でた文化人と積極的に交わり、さまざまな学芸を吸収していった。

また、書物奉行を数名置いて全国から貴重な書籍や古書、古文書などを蒐集させた。外国の本にも興味を持ち、「長崎に唐船が到着すると、そこに積まれていた書物はすべて加賀藩が買い上げてしまう」という噂も立つほどで、集められた書籍は数十万にものぼり、書庫だけでも八棟あったと伝えられる。

六代、七代将軍の時代に幕政をとった新井白石は、綱紀の古典籍蒐集を評して「加賀は天下の書府」、すなわち日本における最大の図書館だと評している。

綱紀はまた、自らも『草木鳥獣図考』『歴代叢書』『職原翼考』『南朝実録』『加越能名蹟記』など、驚くべきことに百二十点を超える著作を残した。

こうした綱紀の好学な態度は、藩士たちにも強い影響を及ぼし、学問や学芸を大切にする気風が藩内に生まれた。同時に、綱紀の庇護を求めて諸国から優れた文化人が多く集まるようになり、加賀藩は文化立国として栄えるようになった。

工芸や伝統文化に力を入れた事情

だが、綱紀の好学はいいことばかりをもたらしたわけではない。

この趣向のせいで、加賀藩は莫大な借財を抱えるはめになったのだ。貴重な書物を買いあさったためではない。その原因は、将軍綱吉の前田邸来臨にあった。

綱紀を愛した将軍綱吉が、元禄十四年（一七〇一）十二月、加賀藩の本郷邸に来臨することになったのである。前田家が将軍御成の知らせを受けたのは、その四カ月前のこと。それからというもの、将軍のための御成御殿を突貫工事で建設した。それは建坪三千坪の大建築物で、内部の装飾も贅をこらしたものだった。

当日、綱吉は五千人の家来を連れて屋敷を訪問、楽しい一時をすごし、十分満足して帰っていった。

だが、前田家はこの費用を賄うため、国元や江戸、大坂の商人から二万二千貫目という借金をするはめになった。その金額は、例年の支出額の二倍にあたる莫大なものだった。

このため綱紀は財政の不如意を公表。家中に徹底的な倹約を命じ、大名や幕閣への接待や贈答を断った。これにより十数年で借金は完済したが、大きな痛手であった。

ちなみに、わずか三歳で家督を継いだ綱紀の藩政は、八十一歳で隠居するまでの七十九年間にも及んだ。三代将軍家光の晩年から、八代将軍吉宗の初期までである。吉宗は享保の改革を行ったが、この改革には綱紀の政策がいくつも取り入れられている。足高《たしだか》の制、定免制、株仲間（商工業者の同業組合）の公認、田畑永代売買の禁令緩和などがそれだ。

これは、綱紀が召し抱えていた学者の室鳩巣が、吉宗のもとでブレーンとして活躍したからだった。吉宗は鳩巣から綱紀の名君ぶりを聞き、感激して政治のあり方について鳩巣などを通じて綱紀に諮問したという。このように、綱紀の政道は幕政改革にも影響を与えることになったのである。

そんな綱紀が作庭したのが先の兼六園であった。綱紀はこうした文化的事業のみならず、産業の保護奨励にも力を尽くした。特に祖父・利常が創設した御細工所《おさいくしょ》を拡大している。

御細工所とは、奉行のもとで足軽や職人が武具、甲冑の管理や修復を行う工房である。

職人のなかには京都から招かれた名工もおり、これにより加賀藩は最先端の蒔絵や彫金などの工芸技術を保持するようになった。綱紀はそんな御細工所をさらに拡充し、職人を百人以上抱える組織にすると共に、各地から優れた工芸品を取り寄せて研究させた。能楽好きの綱紀は、藩主の相手ができるよう、御細工所の職員たちに能の稽古もさせたという。

おそらく、「加賀藩は軍事ではなく、美術工芸や伝統文化に力を入れていますよ」と幕府にアピールしたかったのだろう。

加賀八家の筆頭・本多家のルーツ

加賀藩は徳川家を除くと唯一の百万石を超える大藩で、家臣の数や石高が群を抜いて多かった。なんと、一万石以上の家臣が十数家も存在するのだ。加賀藩では家老より地位が高く藩政の中心となる職を年寄と呼ぶが、その家柄は八つあり、これらは俗に加賀八家《はっか》と呼ばれた。そのうち五万石という最高の石高を誇ったのが本多家だった。

そんな本多家ゆかりの品々を展示しているのが、加賀本多博物館（地図⑧）だ。場所は兼六園から歩いて五分程度のところにある。

もともと、博物館は別の場所に「藩老本多蔵品館」として一九七三年に開館したが、二〇一五年に現在の赤煉瓦の建物に引っ越した。大正期の陸軍兵器庫であり、重要文化財に指定されている。そんな貴重な博物館の建物には、およそ一千点の本多家の収蔵品が保管、展示されている。

ここ一帯は、石川県立歴史博物館をはじめ石川県立美術館、伝統産業工芸館、県立能楽堂など、文化的な施設が散在する美しい森林になっている。このあたりを本多の森公園というのは、かつてこの地に本多家の屋敷や家臣たちの家が軒を連ねていたからである。

本多家に受け継がれてきた武具、
古文書などを展示している加賀本多博物館

本多家は五万石の大身ゆえ、加賀藩の家臣といっても、単独で九百人近い家臣を抱えていた。そんな加賀の本多氏の初代が政重である。本多政重という人物を知らない人も多いと思うが、彼は徳川家康の懐刀と言われた重臣、本多正信の次男だ。正信はＮＨＫの大河ドラマ『どうする家康』でもたびたび登場し、近年注目された。

正信は徳川（松平）譜代の本多俊正の子として生まれ家康に仕えたが、永禄六年（一五六三）に三河で一向一揆が発生すると、一向宗の熱心な信者だったことから一揆側の参謀として主君に反旗を翻し、その後、追放された。以後、各地を流浪する身に落ちたが、家康・織田信長の連合軍と浅井長政・朝倉義景の連合軍が戦った姉川合戦の際に帰参を許された。

家康は年を追うごとに正信を重用するようになり、「君臣の間、相遇うこと水魚のごとし」(『寛政重修諸家譜』)と言われるほど親密な関係となった。両者の意見は常に一致しており、ときおり家康の主張が間違っていると思うと、正信は居眠りして聞こえないふりをして暗にその誤りを諭し、逆の場合は大いに家康の意見を誉め称えたと言われる。

諸国を流れ前田家にたどり着いた本多政重

そんな実力者の息子が、なぜ前田家に仕えるようになったのだろうか。

政重は正信の子として天正八年(一五八〇)に生まれたが、倉橋長右衛門の養子となり、十四歳の文禄二年(一五九三)に徳川家へ出仕した。ところが十八歳の慶長二年(一五九七)、徳川秀忠(家康の嫡男)の乳母である大姥局《おおうばのつぼね》(岡部局)の息子・川村荘八ともめ事を起こし、ついに彼を斬り殺して出奔したのである。原因は不明ながら、逃亡せねばならぬくらいなので、政重にも非はあったのだろう。

出奔後は大谷吉継のもとに行き、さらに慶長四年(一五九九)、岡山城主宇喜多秀家に仕官した。まだ二十歳そこそこなのにもかかわらず、政重は二万石という大禄を秀家から与えられている。よほど有望な若者だったのだろう。このころより、政重は正木左兵衛と称している。

翌年の関ヶ原合戦では、政重は西軍の宇喜多軍に属して戦っている。父の正信は秀忠軍に属して上田城を攻めたが、本戦に間に合わなかったので、幸い親子で鉾を交えることはなかった。しかし、兄の正純は家康の幕下にいたため、おそらく弟に対して苦々しい思いを抱いたことだろう。

結局、宇喜多秀家は敗れて行方をくらまし、宇喜多家臣団は瓦解した。戦後、政重は岡山城主になった小早川秀秋や、宇喜多秀家の正室・豪姫の兄である前田利長から仕官の誘いを受けた。しかしそれらを断り、広島城主の福島正則に三万石で仕えたのである。武人として名が高い正則に、自分と同じ匂いを感じたのかもしれない。だが、理由は不明ながら二年で福島家を離れて前田利長に仕えた。

その後、直江兼続（上杉景勝の重臣）が政重を気に入り、慶長九年、婿養子に迎えた。一説には関ヶ原合戦の際に敵対的行動をとって領地を四分の一に削られた上杉家のために、兼続が家康の寵臣・本多正信とのパイプを持とうとしたのだと言われる。

正信はこの跳ねっ返りの次男政重が可愛くて仕方なかったようで、かつて政重が徳川家から出奔するとき、側近の井村内蔵允《くらのじょう》などを彼につけてやった。

それからの政重は、直江勝吉と名乗って上杉と徳川のパイプ役を果たすことになった。兼続は、そんな政重を上杉家中の杖や柱となる者だと讃えたが、慶長十六年、政重の命運が暗転する。同年四月、徳川家康が京都で「三カ条条書」を発布したが、その一条に「家中に謀反殺害人がいたら届け出よ。また、そうした人間を家中に抱えてはならない」とあったのだ。十八歳のときの過ちではあったが、この項目に該当する政重は、直江家にいられなくなってしまった。

これを案じた父の正信は、家康が信を置く藤堂高虎に政重の救済を依頼した。高虎は外様ながら家康からの絶大な信頼を受け、正信とともその帷幄《いあく》（本陣）にいる武将であった。高虎自身もたびたび主君を変える渡り奉公をしてきたので、政重の立場に同情したのかもしれない。前田家と交渉して政重を再仕官させたのである。こうして三十二歳のとき、本多政重は再び前田家に舞い戻り、三代藩主利常に五万石で仕えることになった。

父の教えにより五万石の加増を固辞

加賀本多博物館には、そんな政重の遺品が展示されている。烏帽子型の黒漆塗りの変わり兜《かぶと》、漆黒のラシャ地に金色の立葵紋がついた陣羽織、反りの少ない太い刀などだ。このほか、館内には本多家歴代の宝物が所狭しと並んでいる。今回はテレビ番組のロケということもあり、館長が直々に説明してくださった。お名前を本多政光さんという。そう、本多家の第十五代当主である。

特に力を入れて解説してくださったのが村雨の壺だ。前田家が領地の一部を返上するよう幕府に迫られた際、政重がパイプ役として折衝にあたり、その命を撤回させた。その功績に報いるため、利常は政重に五万石の加増を打診した。けれど政重はこれを断り、代わりに「村雨」と称するこの南蛮渡来の壺を欲したという。

茶色に黒が混じり光沢のあるかなり大きな壺だったが、美術眼のない私には、残念ながらこの壺が五万石の価値を持つとは感じられなかった。

政重が加増を断ったのは、もしかしたら父・正信の教えを忠実に守ったのかもしれない。

正信は生前、訓戒として嫡男の正純に以下のように話している。

「我死後には、汝に必ず増地を賜はるべし。三万石までは我等賜はりたる分なれば、御受申すべし。其余はたとえ賜はるとも、決して受くべからず。もし増地を受けて辞せずんば禍必ず至らん」(『名将言行録』)

実際、正信は絶大な権力を持ちながら、家康から加増を打診されても二万二千石しか受け取らなかった。それなのに正純は五万七千石の加増を受け、さらに元和五年、十五万五千石の大大名に昇進、宇都宮城主となってしまう。

正純も正信の手法をまねて辣腕をふるおうとしたが、正信にそれができたのは家康から「友」と言われるほどの絶対的な信頼があったからこそ。それを理解できなかった正純は幕閣の嫉視《しっし》を買い、後に失脚した。

ちなみに正信は政重を可愛がり、前田家に再仕官が決まった慶長十六年（一六一一）、政重に対して次のような教訓状を書いている。

「刀の試し切り（遺体を切ること）は、自分でしないで他の人に頼みなさい。家臣の成敗も直接殺してはならない。世間の噂になってしまう。同僚には慇懃《いんぎん》に礼を尽くして接しなさい。悪い言葉も使ってはいけない」

これを読むと、政重のやんちゃぶりがよくわかる。老父としては心配だったのだろう。

「金沢市民の台所」で旅の締めくくり

政重は十五歳年上の兄、正純とは非常に仲が悪かった。父・正信が亡くなったあと、正純は「政重が自分の悪口を正信の後妻に吹き込んだ」とか、「正信の遺産に政重が手をつけた」などと難癖をつけ、仲違いしている。だが、そんな正純が元和八年（一六二二）に改易されて由利本荘へ流罪となると、親族ゆえに政重は連座の危機に陥った。このおり再び

近江町市場は「金沢市民の台所」として
親しまれている

藤堂高虎が救済に尽力し、その結果、政重は幕府の老中から「父の本多正信の功績に免じて、今後も気遣いなく前田利常に仕えてかまわない」という書状を手にすることができた。

これまで政重は、自分が謀反殺害人という日陰者であることを慮《おもんぱか》り、なるべく表に出ないようにしてきたが、以後は前田家の年寄として堂々と主君利常を補佐するようになった。正保三年（一六四六）、政重は嫡男である政長の正室に主君利常の愛娘である春姫を迎えた。こうして前田家と縁戚関係を結んだ政重は翌年、政長に家督を譲り、その年の六月三日に六十八歳の生涯を閉じた。

　このように、日本各地には本多政重のような知られざるスゴい人物が、まだまだ多く眠っているのである。

　さて、最後にやってきたのは近江町市場（地図⑨）である。もともとこの場所は惣構えの内側になり、すでに三百年以上の歴史を誇る。加賀藩の御膳所だったと言われるが、質のいい魚介類は優先的に藩主や藩士にもたらされ、庶民はその残りを食べていたという。

しかし現在は誰もが新鮮な海の幸を堪能できる。私は創業九十四年の老舗「近江町食堂」に入った。本当は十一月に解禁されたばかりの加能ガニ、特に香箱ガニを食べたかったのだが、数日続いた荒天で漁ができない状態だったため、初入荷はまだだった。なんとも残念だったが、他県産のカニとノドグロの刺身を堪能した。

一泊二日の金沢の日本史旅、ベタなところと知られざるところを紹介してきたが、歴史的に掘り下げていくことで、加賀百万石の底力を理解していただけたのではないだろうか。

プラン（二）

最果ての地で、あくまで義を通した
土方歳三の散り際

函館の旅

地図1 渡島半島南部

洞爺湖
内浦湾
室蘭
渡島半島
箱館戦争
官軍上陸の地碑
（乙部町）⑨
① 榎本武揚軍鷲ノ木上陸地
うずら温泉 ⑧
227
⑩ 二股口古戦場跡
278
江差
地図3
函館
地図2
函館空港
矢不来 ⑪
大滝山 ⑦
咸臨丸終焉の地 ④
（木古内町）
③ 知内町
228
津軽海峡
松前
⑤ 福島町
⑥ 法幢寺
②
松前城
（福山城）
下北半島

地図2 函館市街

地図3 江差町

司馬作品が与えてくれた大いなる影響

私は、東京都町田市に生まれた。先祖も代々この場所で生活しており、少なくとも四代将軍徳川家綱のころまで祖先を遡ることができる。かつてこの地域は、武州多摩（現在の多摩地区）と呼ばれ、江戸時代は幕領や旗本知行地であった。また、江戸に移った家康は武田、北条の旧臣一千名を取り立て、多摩地域に配置して甲斐と武蔵の国境を守らせた。彼らを八王子千人同心と呼ぶが、このため武州多摩は尚武の風が強く、徳川びいきだった。

武州多摩から新選組が誕生したのもうなずけるだろう。

私が新選組に興味を持つようになったのは、高校生のときに司馬遼太郎の『竜馬がゆく』を読んだことがきっかけだった。小さいころ落ちこぼれでいじめられっ子だった坂本龍馬が大志を抱き飛翔していく姿は、当時の私に大きな感銘を与えた。

それ以後、司馬作品をむさぼり読むようになったが、なかでも『燃えよ剣』の主人公である土方歳三には鮮烈な印象を持った。農家の末っ子である歳三が武士になるという夢をかなえ、新選組を鉄壁の武闘集団に仕立てていく様には血がたぎり胸が躍った。

京都で活躍した新選組だったが、倒幕運動の高まりによって江戸幕府は崩れ始める。譜代や幕臣が徳川を見捨てていくなかで、滅びゆくものに身を投じ殉じようとした歳三の一途な生きざまに深く共感した。それはおそらく、自分が歳三と同じ武州多摩の生まれだったことも影響しているのだと思う。

土方歳三が箱館で戦死したのは三十五歳のときだった。その齢に達したときの私は、高校の教員として平穏な暮らしをしていたのだが、あらためて『燃えよ剣』を読み返してみた。惰性で毎日を送ることに飽いていたのか、心の奥底に潜んでいた何かが疼《うず》き出し、にわかに思い立って北海道へ飛び、土方歳三の足跡を巡り歩いた。

それから二十年近く経った今から五年前、久しぶりに歳三がいた五稜郭へやって来た。刀剣乱舞というゲームをもとにしたミュージカルのDVD化にあたり、俳優たちとロケに訪れたのだ。すでに私は教員を退職し、作家として独立していた。最初に函館に来たときは、まさか自分が専業作家になるとは思いもしなかった。人生というのは本当にわからないもので、農家に生まれた歳三も京都で同じ思いを抱いたことだろう。

五稜郭の新政府軍を追い払う

ロケを終えたあとも私は三日ほど北海道にとどまり、函館に加えて久しぶりに箱館戦争の戦地である松前、さらに江差《えさし》にも足を伸ばしてみることにした。

函館空港から五稜郭までは車で二十数分ほどだ。今回は行動範囲が広いので空港でレンタカーを借りた。空港を出て海沿いの国道278号線を走る。やはり北海道は緑が多い。七月下旬だったが気温は二十七度。車の窓を全開にしてみると、すがすがしい風が車内を吹き抜けた。一〇分ほど走り、松倉川にかかる汐見橋を渡ると、林立する旅館やホテルが見えてきた。湯ノ川温泉（地図2-❶）だ。

今からおよそ百五十五年前、土方歳三もこのあたりを通過したはずである。

歳三は鳥羽・伏見の戦いで敗れたあと、近藤勇らと共に甲州勝沼で戦うが大敗を喫した。その後、下総国流山で新選組を再興するが、近藤は新政府に捕縛され処刑されてしまう。歳三は新選組を率いて北関東を転戦、さらに会津を経て仙台に向かった。だが、仙台藩が新政府への降伏を決めたため、榎本武揚率いる旧幕府艦隊に乗り込み、蝦夷地へやって来たのである。上陸したのは、箱館から北に四十キロほど離れた鷲ノ木《わしのき》という集落だ。現在は「榎本軍鷲ノ木上陸地」（地図1-①）という木碑がある。

明治元年（一八六八）十月二十日（西暦だと十二月三日）早朝に上陸したとき、あたりは銀世界だった。旧幕府脱走軍は、そこから二手に分かれて箱館を目指した。

安政元年（一八五四）の日米和親条約によって箱館が開港すると、箱館港には外国人居留地が設けられ、多くの外国船が出入りするようになった。そこで幕府は箱館を管理するために西洋型城郭の「五稜郭」（地図2-❷）をつくり、箱館奉行所を城内に移したのだ。

歳三が蝦夷地に上陸したとき、すでに新政府の箱館府が五稜郭に入り、箱館港を支配していた。そこで旧幕府脱走軍は、箱館府に蝦夷地開拓の許可を求めるために箱館へ向かった。だがそれはあくまで建前で、最初から戦うつもりだった。

脱走軍の本隊は、まっすぐ内陸を突っ切って箱館に至る最短ルートを進んだ。大将は洋式歩兵軍の指揮官・大鳥圭介。遊撃隊、伝習士官隊、新選組などで構成され、総勢およそ七百名。もう一隊は土方歳三を将とする額兵隊と陸軍隊が中核の洋式部隊五百名。彼らは、海沿いの道を森、砂原、下海岸、川汲《かっくみ》峠へと進み、ここで大きく右へ折れて湯ノ川へやって来た。湯ノ川は江戸時代からの温泉地であり、歳三は湯けむりを横目に先を急いだことだろう。

歳三のもとに新選組がいないことは奇妙に思えるが、彼は戊辰戦争を経て大きく変貌し、洋式歩兵の指揮官になっていた。また、当時の新選組には仙台で加入した諸藩の新参隊士が多く、東北で苦楽を共にした額兵隊や陸軍隊の方が指揮しやすかったのだろう。

土方隊はほとんど戦闘をしないまま箱館市内に入っているのに対して、本隊は七重村や大野村などで激しい銃撃戦を繰り広げた。このとき新選組が抜刀して突撃を敢行、こうした猛攻に畏怖した新政府軍はついに潰走する。敗退を知った箱館府の清水谷公考《しみずだにきんなる》府知事は五稜郭を離脱し、箱館湾から蒸気船で青森へ逃亡。こうして旧幕府脱走軍はもぬけの殻になった五稜郭を占拠し、箱館港も制圧した。

以後、五稜郭は旧幕府脱走軍（のちの蝦夷政府）の拠点となったのである。

箱館奉行所など見どころが多い

五稜郭は、伊予大洲藩士の武田斐三郎《あやさぶろう》が西洋の城郭をモデルに設計した城である。箱館開港後の安政四年（一八五七）から築城工事が始まり、元治元年（一八六四）に完成した。竣工後は郭内に箱館奉行所が置かれて二百人の役人が詰めていたが、戊辰戦争中に新政府方に明け渡され、箱館府の拠点となっていた。

五稜郭は現在、跡地が公園となっているが、特徴的な曲輪《くるわ》はそのまま残存している。まずは近くにある五稜郭タワー（地図2－❸）に登り、城の全体像を把握するといいだろう。百メートルを超える高さの展望台からは、星形の五稜郭がよく見える。地上からは決してわからない形状だ。展望台からは夜景で有名な函館山、津軽海峡も遠望できた。館内には五稜郭の模型や、その歴史を学べるモニターや展示がある。カフェでゆったりくつろいだり、売店で函館の土産物を買ったりすることもできる。

久しぶりに五稜郭に来たが、郭に入る前に、城を堪能するため水濠沿いに外側の遊歩道を歩いてみた。濠の向こうに低い石垣が続いている。濠の一部には水面を覆うほどの蓮が茂っていた。碧《みどり》の蓮の上に純白な花が大きなボタン雪のようにポツポツ浮いていて、とても幻想的である。

「五稜郭タワー」から見た五稜郭

濠を半周ほど進んで裏門橋から郭内へ入った。橋を渡ると、すぐに正面の石垣に行く手を阻まれる。これまで多くの近世城郭を見てきたが、どの城よりも石垣の石が小さいと感じた。石垣にぶつかる手前の道を大きく右へ入っていくと、にわかに視界が広がる。

二十年近く前に来たときとは、様子が一変していた。当時は一面にシロツメクサやオオバコなどの緑が茂り、武田斐三郎の顕彰碑の先に大きな兵糧庫と小さな博物館が建っているだけだった。現在は美しい芝生やアスファルトに変わり、いくつもの立派な建物が再建されている。ちなみに兵糧庫もきれいになっている。かつては白壁の下部が破れて粘土がのぞき、さらにその下からは煉瓦のようなタイルが露出していた。ただ、この建物以外は焼失したり、明治時代になって取り壊されたりしたので、そういった意味では、この兵糧庫が土方歳三が実際に目にした唯一の建造物である。

ともあれ現在では、朽ちかけた兵糧庫がきれいに修復されているうえ、新たに板蔵と土蔵も復元されている。さらに驚いたのは、箱館奉行所の建物が再建されていたことだ。内部の部屋も正確に復元されており、館内には五稜郭と箱館奉行所の歴史がわかる展示物や映像シアターもある。あらためて二十年という月日の長さを感じた。

土方隊は松前軍に急襲される

さて、話を明治元年に戻そう。

五稜郭を奪取した旧幕府脱走軍は、蝦夷地唯一の大名である松前氏に平和的共存の申し入れを行った。使いとして松前城（公式には福山城・地図1-②）に派遣されたのは、戦争で捕虜となった松前藩士・桜井恕三郎《じょさぶろう》だった。

ところが松前藩は使者の桜井を斬り殺し、対決姿勢を鮮明にしたのだ。

そこで旧幕府脱走軍の首脳たちは、五稜郭へ入城した翌日、土方歳三を将とする七百名（額兵隊、陸軍隊、彰義隊など）を百キロ離れた松前へ進発させた。

土方隊は有川、泉沢、木古内《きこない》と泊を重ね、そこから進路を右にとって山岳地帯へ入り、十一月一日に知内村萩砂里《しりうちむらはぎさり》（現、上磯郡知内町・地図1-③）に野営した。わずか百キロを進むのに数日を要しているのは、雪中行軍に慣れていなかったというより、住人たちに新しい支配者の存在を周知するためだったと考えられる。松前氏を攻撃するだけなら、旧幕府艦隊を松前湾に集結させ、松前城に砲弾を浴びせてから陸戦隊を上陸させた方が手っ取り早いからだ。

土方隊が知内に野営した日、松前軍が急襲してきた。

藩士の渡辺薬々がわずか五十名を率いて小舟に分乗し、土方隊の後方に上陸、間道を抜けて土方隊を襲撃してきた。少人数でたいした度胸である。

まさかの敵襲に混乱した土方隊だったが、歳三は「敵の松明《たいまつ》を標的にして鉄砲を放て」と命じた。結果、松前兵はバタバタと倒れ、幾人もの犠牲者を出して撤退した。

日本初の太平洋横断をした咸臨丸の数奇な運命

私も土方歳三のあとを追って、函館から海沿いの道（国道２２８号線）を車で松前へ向かった。およそ二時間の道のりである。ときおり小さい山を越えるものの、代わり映えのない風景が続く単調な道路だ。道は木古内町からいったん内陸へ入る。

木古内町は函館市街から二十キロ以上離れた地点である。二十年前も同じ道を通って松前に行ったが、このときたまたま浜辺に「咸臨丸ここに眠る」と記された大きな案内板を見つけた。もちろん咸臨丸とは、幕末に太平洋を横断したあの蒸気船だ。今回もその場所で車を止めた。「咸臨丸終焉の地」(地図1-④)である。

万延元年(一八六〇)、幕府は日米修好通商条約の批准のためアメリカへ使節を派遣したが、この際に勝海舟らが咸臨丸を操縦して太平洋横断という快挙を成し遂げた。

咸臨丸は幕府がオランダから十万ドルで買った蒸気船で、当初は長崎で幕府海軍の練習艦として使用されていた。排水量は約八百トン、帆走もできる蒸気船だった。

太平洋横断後の咸臨丸は、対馬を占拠したロシア艦との交渉のために幕府の使節を運んだり、小笠原諸島の探検や開拓のための輸送を行ったりと活躍していたが、慶応二年(一八六六)に蒸気機関が不調となり、ボイラーが取り外されて帆船に転じた。

榎本武揚が旧幕府艦隊を率いて品川港から脱走した際、軍艦回天丸にこの咸臨丸を曳航させた。ところが房総沖で荒天となり、曳き綱がちぎれて艦隊とはぐれ、咸臨丸は漂流のすえ清水港に入った。ところが運悪く、湾内にいた新政府軍の軍艦の攻撃を受けて乗組員は殺害され、咸臨丸も新政府の手に落ちてしまった。

余談ながら、咸臨丸の乗員の遺体が放置されているのを見た清水次郎長は、「死んでしまえば賊軍も官軍もない。同じ仏だ」と手厚く葬ったという。

明治二年(一八六九)に咸臨丸の所有は大蔵省から北海道開拓使へと移り、物資の輸送を行っていたが、まもなく民間の回漕会社(海運業者)に払い下げられた。しかし明治四年(一八七一)年九月、仙台藩の片倉小十郎ら四百一名の藩士(開拓団)を乗せた咸臨丸は、仙台から箱館を経て小樽に向かう途上、木古内町泉沢のサラギ岬付近で強風のため座礁、三日後に沈没した。案内板の沖合が、まさに沈没地点なのである。

明治二年四月、この木古内で旧幕府方の大島圭介隊と新政府軍の激戦が展開され、多くの兵が討ち死にした。わずか二年後、そのような場所に咸臨丸が沈んだことは、とても偶然だとは思えない。船に意志があるとしか説明できない不思議さだと当時の私は感動した。

今回再び来てみると案内板が新しくなっており、さらに五分の一の大きさで復元された咸臨丸の模型も置かれ、まるで観光地のようである。ここでもやはり、二十年の歳月を実感した。

土方隊の巧みな攻城戦

しばし咸臨丸の模型を眺めたあと、再び車で走り出す。すると一〇分もしないうちに、歳三が松前兵を撃退した知内町に入る。さらにしばらく進むと右手に福島川が現れ、川に沿って南下すると福島町(地図1-⑤)に出る。ここには青函トンネル記念館や横綱千代の山・千代の富士記念館があり、立ち寄りたい気持ちもあったが、まだ先があるので断念して近くの福島港で小休止することにした。

真夏だったがどんよりと雲がたれ込め、海は濃い鉛色だった。波は荒く風も強い。体感気温が低く、車を降りると海風がひんやり涼しく感じた。

知内での戦闘後、土方隊は峻険な山岳で待ち伏せする敵兵を巧みに撃退しつつ、松前へ向けて前進していった。十一月五日朝、ついに土方隊は松前城の至近に到達する。松前藩も激しく銃撃を浴びせるが、歳三が兵を山側と海側の二手に分けて砦を次々と陥落させたので、たまらず松前兵は城内へ撤収していった。

歳三は攻撃の手を緩めず、敵兵を追って松前城を見下ろす背後の高台を占拠する。そして大砲を据えて城内へ打ち込み、兵を送って大手門と搦手門から挟撃させた。

もともと松前城は、幕府の命で陣屋だった建物を安政元年（一八五四）に改修して城郭としたものだ。城の縄張りのために雇われた高崎藩士の市川一学は、「陣屋の背後に山があり、すぐ前が海。市街地が狭いので防備に適さない」と別の場所に城をつくることを進言した。しかし予算の関係もあり、陣屋の改修という手っ取り早い形ですませてしまった。だから海上から松前城内へ砲弾を打ち込めるし、背後の山からは城内が一望できてしまう。城が山を背負うというのは致命的な欠陥だ。

ただ、松前氏のために弁明するなら、陣屋はアイヌの反乱に備えて構築されたものだった。だから陣屋の山側には二十近い寺院や神社、歴代藩主の墓所を配している。アイヌは敵のものであっても聖地を踏みにじることをしないからだ。

　もちろん土方隊がそんなことに配慮するはずもなく、平然と山側に乱入していった。だが、松前兵も必死である。特に搦手門を守る松前藩士竹田作郎は門内に野戦砲を設置し、門を開いては砲を放ち、閉じては弾を込めるという作戦で土方隊をなかなか城内へ入れなかった。

松前城の天守は昭和三十六年（一九六一）に
町民の嘆願で復元された

　そこで歳三は十数人の特別部隊を編成し、閉門の間に彼らを素早く石垣の陰へ潜ませた。そして次に開いた瞬間、砲の射手に集中砲火を浴びせ、射手が倒れた隙に城内へ突撃させた。同時に自らは一隊を率いて城の裏手へ回り、梯子をかけて精鋭と共に石垣をよじ登り、城内へ飛び込んだのだ。こうして郭内へなだれ込んだ土方隊は天守や角櫓《すみやぐら》へ次々と踏み込み、白兵戦を始めた。

　戦いが行われた松前城の天守は太平洋戦争後まで残っており、内部には刀傷が無数に残っていたという。残念ながら同城は、昭和二十四年（一九四九）の大火で灰燼に帰してしまった。

土方隊の乱入で戦意を失った松前兵は、城から離脱し江差を目指して潰走を始めた。逃亡の際、城下に火を放ったので、民家四千軒のうち三分の二が焼失してしまった。火をかけて撤退するのは戦の常套手段ではあるが、兵火で真冬に家を焼け出された領民はたまったものではなかったはずだ。なお、松山城下はこの大火事をきっかけに衰退していった。

粛清されたある松前藩士の遺書

私が前回訪れたとき、松前城下は閑散としていた記憶があった。家屋も海と城の間のわずかに開けた平地に、へばりつくように密集していたという印象だった。

ところが今回、松前道を通って城下通りまで来たとき、その変化に驚いた。道の左右に黒い屋根に白壁の、土蔵のような建物がずっと続いていて、江戸時代にタイムスリップしたかのような景観に変貌していたのだ。よく見ると、その建物には土産物店や蕎麦屋、甘味処に加えて、銀行や携帯ショップ、歯科医院、洋服店などが入っている。同じように黒い屋根に白い土蔵造りなので、商店街が協力して景観をつくり上げているのだろう。

駐車場に車を止めて松前城へ向かう。天神坂という折れ曲がった坂を上がり、門をくぐると広大な三ノ郭（三の丸）が広がる。一面に敷かれた砂利を踏みつつ、右前方へ進んでいくと、大きな松前城内の復元模型がある。その脇から橋を渡って濠を越え、搦手二の門をくぐり、本丸へ入る。「松前城」と大書された大きな御影石のすぐ先に門が立ちはだかり、そこから奥へ入ると、戦後に復元された松前城の天守に到着した。

城の屋根上には名古屋城のような金の鯱《しゃちほこ》が輝いている。城内は資料館になっていて、北前船やアイヌに関する資料、松前城下を描いた巨大な屏風、歴代藩主像や甲冑などが展示されていた。面白かったのは、五代藩主慶広が豊臣秀吉から拝受したという聚楽第の木製桐章である。直径五十センチくらいはある大きなもので、かつては松前城の本丸表御殿にとりつけられていたという。

哀れを誘うのは十七代藩主に寵愛された藩の実力者、山下雄城の遺品（自裁した短刀と遺書）である。雄城は佐幕派の大物だったが、戊辰戦争が起こった年の七月末に松前藩内で勤王派のクーデターが発生。佐幕派の重役たちは、次々と粛清されていった。このとき雄城は知り合いの廻船問屋の土蔵に身を隠していたが、出てこないと妻子を殺すと恐喝される。仕方なく逃亡五十四日目に姿を現し、翌日の九月二十五日、自決に追い込まれた。

妻に宛てた遺書には、次のように書かれていた。

「子供等は大切にいたし、随分傾わぬよういたすべし。男女に拘わらず学問はいたさすべし。我が死を人になげくことなかれ。吾も人並みと思えば撰ばれて殺されることなり。決して怨と思うべからず。近藤へは厚く御礼申し上げ、尚この末も御力にいたすべし。あまり人にねだり事云うべからず。屈三の名は、取改るべからず。吾人に屈する事成らずゆえ、この難に遭う。屈三の名の意味は入っては父母に屈し、出ては長上に屈し、朝に有っては官爵に屈する意なり。おこん殿へ」

文章を読みながら、不覚にも胸にこみ上げてくるものを抑えきれなかった。妻子へのいたわりと、運命を諦観する思いがこの書面から強く放たれていたからである。

それにしても運命は皮肉である。旧幕府脱走軍が来着するまでのあと一カ月間、雄城が潜伏を続けていたら、命を絶たれることはなかっただろう。さらに、もし三カ月早く旧幕府脱走軍が蝦夷地に上陸していれば、佐幕派の松前藩は不幸な戦争をすることもなく、共闘できていたはずだ。

北前船が商品経済を回していた

松前町の城下には、ほかにも見るべき史跡や施設が多くある。松前の町並みを再現した松前藩屋敷、松前町郷土資料館、松前公園、松前桜資料館、戦火を免れた雲龍院、松前神社、松前港などだ。ただし、今日は江差まで行くつもりなので、松前城の背後に位置する松前藩主の歴代の墓所を訪れるだけにした。

お昼時になっていたので、まずは城下通りの蕎麦屋でにしんそばを頼んだ。松前といえばやはり鰊《にしん》である。かつては北前船（弁財船）が多数松前港に入り、鰊を買い上げてくれたおかげで町は大いに繁栄した。北前船とは、大坂を発して瀬戸内を通り、下関を回って日本海の諸港に寄港しながら蝦夷地（北海道）まで北上し、再び帰っていく不定期の民間商船の総称である。江戸中期に登場し、後期から明治初期にかけて最盛期を迎えた。船主たちは松前藩と結んでアイヌの漁した海産物を買い上げ、巨利を得ていた。

松前に北前船の白帆が立つのは、鰊漁が最盛期を迎える初夏のことである。港町は船乗りたちで賑わい、北前船は盛夏まで松前に滞在する。その間、船頭は蝦夷地ではとれない米や酒などの積み荷を売りさばき、同時に〆粕《しめかす》や鰊や昆布といった肥料、海産物を大量に問屋を通じて購入する。〆粕というのは、鰊を煮て油を除き乾燥させた肥料のことだ。江戸の中期以降、こうした魚肥は西国の綿花栽培に欠かせないものとなった。そのため、〆粕と鰊を瀬戸内へ運んでいけば、買値の十数倍で売れた。北前船の儲けは、実はこの二品に大きく依存していた。一度の航海につき収益は千両を超えたという。

にしんそばを食したあと、満腹の腹をさすりながら松前城の背後に向かった。至る所に寺社や墓地が広がり、ある種独特の雰囲気を醸し出している。藩主の墓所へ向かう石畳の道は深い杉木立に囲まれ、鳥の鳴き声だけが響いている。自分以外に誰も人がおらず、大の大人でありながら、いったんは引き返そうかと思うほどの不気味さである。

かなり湿気が強い。それが今日に限らないのは、周囲に苔が多いことでわかる。途中、松前氏の菩提寺である法幢寺《ほうどうじ》（地図1－⑥）に寄ってみた。すさまじい形相の四天王像が山門から私を睨みつけている。山門をくぐると杉の大木が林立した奥に、屋根の大きな本堂がある。本堂へは石畳が続いているが、その両脇の地面には一面にビロードのような苔が生えていて、鮮やかな蛍光色を放っている。「浄土というのはこのようなところか」と錯覚させるほどの、人間世界とは思えぬ美しさであった。

その本堂の側に、松前氏の霊屋《たまや》がある。ここに、松前歴代藩主の位牌がお祀りされているのだという。火災に耐える土蔵造りの建物である。

法幢寺の境内を出て石畳の道に戻り二度曲がると、まもなく松前藩主の墓所入口に到着する。立派な石塔が立っているので遠くからでもわかる。墓所入口の右には、樹齢三百五十年という巨大なケヤキが立つ。松前藩の歴史を感じさせる大きさである。

歴代藩主の墓は石廟で、小さなギリシャ神殿のような形をしている。そのほかの一族と合わせて、五十五基の石廟や墓石が並ぶという壮観さだ。こうした形の石廟は日本海沿岸に見られ、墓石のなかには越前産の石もあるという。やはり、北前船交易の影響があることがわかる。

江差と引き換えに払った大きな代償

さて、松前城を陥落させた土方歳三は、それから一週間近く経ってようやく松前兵掃討のために江差へ進発する。松前城下が大火に見舞われたので、戦争の事後処理に手間取ったのかもしれない。

私も土方隊を追って松前から江差へ向かうことにした。前回の旅行では行かなかったので、江差を訪れるのは初めてのことである。再び海岸沿いの国道228号線に出て、ひたすらこの道を海岸沿いに北上する。暗くなる前に着きたかったので休憩はとらなかった。およそ一時間半で江差に到着したが、すでに午後五時をすぎていた。だが、あたりはまだ明るかった。

その日は疲れたのでそのまま旅館に入り、豪勢な夕食をいただき、すぐに寝てしまった。

明治元年（一八六八）十一月十三日、江差を目指す土方隊が大滝山（檜山郡上ノ国町・地図1―⑦）の麓にさしかかったところ、山上から大砲の弾が周囲に落下し、激しい銃撃を受けた。氏家丹宮率いる松前藩の敗残兵が結集していたのである。ここを通過しなければ江差へは到達できない。だが、進めば犠牲者を増やすだけだ。

この危機を知った榎本武揚は旗艦の開陽丸で一気に江差へ着岸し、敵前上陸を敢行する。

松前兵の多くは土方隊を攻撃すべく大滝山へ進軍中だったので、いとも簡単に江差を制圧できた。ひょっとしたら、歳三がわざと松前軍を引きつけていたのかもしれない。

旧幕府脱走軍が江差を制圧したことはすぐ大滝山の松前兵に伝わり、大きく動揺させた。歳三はこれに乗じ、精鋭を選んで峻険な崖をよじ登らせ、大滝山の背後から射撃させた。すると江差陥落の衝撃も手伝い、松前兵はあっけなく壊乱してしまった。

こうして敵を退け江差に到着した歳三だったが、眼前に信じられない光景が広がった。なんと、海上の開陽丸が傾きながらゆっくり沈み始めたのである。暴風のために錨が切れ、船体が流されてそのまま座礁してしまったのだ。

開陽丸は排水量二千五百九十トン。オランダ製の最新にして最大級の巨艦であった。新政府が榎本の旧幕府軍を恐れたのは、この船を所有していたからだといっても過言ではない。そんな艦隊の象徴が、今まさに目の前で沈没しつつあった。

なんとしても船体を引き揚げようと考えた榎本武揚は、千六百七十八トンの蒸気船である回天丸と二百五十トンの神速丸で開陽丸を牽引しようとした。だが、なんとこのとき神速丸まで暴風大波に翻弄され、転覆してしまったのである。まさに踏んだり蹴ったりの大失態だ。三日後、開陽丸は完全に沈没してしまった。

歳三の落胆がわかる「嘆きの松」

復元された開陽丸の船内が丸ごと記念館になっている

江差に泊まった翌日、その開陽丸に乗船した。もちろん本物ではなく復元した船だ。とはいえ、実物大につくられているので、その大きさには圧倒される。船内は開陽丸記念館（地図3－①）になっており、昭和五十年から始まった引き揚げ作業で発見された三万点以上の遺物が展示されている。

乗り込んで最初に驚いたのが、陳列されている砲弾の多さである。船内の至る所に並べられているのだ。ほとんどの砲弾は、椎の実型の施条弾《しじょうだん》だった。

開陽丸には大砲が三十門以上備えつけられ、そのうちドイツで製造されたクルップ砲は射程四キロ。当時としてはずば抜けた性能を持っていた。もし開陽丸が江差で沈まずに箱館戦争で最大の能力を発揮していたら、新政府軍はそう簡単に旧幕府脱走軍を降伏に追い込むことはできなかったろう。

船内には、土方歳三や榎本武揚が作戦会議を開いている蝋人形がある。五角形の会議テーブルは海中から引き揚げられた本物で、おしゃれな模様が入っていた。船員の人形がハンモックで睡眠をとっているなど、洋式の生活をしていたとわかる展示もユニークだ。

海中からの出土物には、各種の銃やピストル、弾丸のほか、機関銃の原形であるガットリング砲の砲弾もあった。また、ハサミやメス、メジャーカップや分銅、小瓶などがあり、洋式の医療設備が整っていたこともわかる。さらに、洋服やバックル、スプーンやフォーク、インク瓶といった西洋の品々と共に、草鞋や矢立《やたて》、硯《すずり》、九谷焼の皿や煙管《きせる》といった和物もあり、近代化の過渡期だったことを実感できる。前日と違ってよく晴れていたので、開陽丸の甲板に上がり、凪いだ江差港の景色を堪能できた。

開陽丸を下船したあとは、「いにしえ街道」を通って江差の町をぶらぶら歩きながら、旧檜山爾志郡《ひやまにしぐん》役所（地図3－Ⅱ）へと向かうことにした。

江差もかつては北前船で栄えた港町なので、街道沿いには歴史的建造物や史跡が数多くある。このため江差町では『歴史を生かすまちづくり事業』を立ち上げ、電線を地中に埋めたり、建物を昔風に修景したり、公園やトイレを整備したりして歴史的景観を復活させた。松前と異なるのは、石畳の歩道を進むと古そうな洋館がいくつも現れることだ。

旧檜山爾志郡役所も、白い板壁にグリーンをあしらったコロニアル様式の可愛らしい洋館だった。この建物は明治二十年（一八八七）、檜山郡と爾志郡を統治する郡役所として建設された。その後も警察署や江差町役場の分庁舎として用いられてきたが、北海道の有形文化財に指定され、修復を受けて現在は江差町郷土資料館となっている。

江差町にある土方歳三嘆きの松。右奥が旧檜山爾志郡役所

洋館の内部にはさまざまな歴史的資料が展示されている。二階へ向かう階段は、そのすり減り具合が建物の古さを感じさせてくれて、なんとも味がある。二階の廊下の奥にあるバルコニーからは、江差の青い海が一望できた。そして眼下には大きな松がある。

ここに来たのは、実はこの「土方歳三 嘆きの松」（地図3－Ⅲ）を見るためであった。

十一月十五日の戦いで江差を制圧した旧幕府脱走軍だったが、先述の通り、開陽丸が沈没するという悲劇に見舞われる。歳三と榎本武揚は、沈みゆく旗艦をこの場所から茫然と眺めていたという。特に歳三は、悔しさのあまり激しくこの松の幹を叩き続けた。するとあとでその部分に瘤《こぶ》ができ、松は大きく曲がってしまったという言い伝えがあるのだ。

確かに松の幹は大きくひしゃげているが、もちろん事実とは思えない。とはいえ、開陽丸の沈没を目の当たりにして、歳三が大きく落胆したのは間違いないだろう。

もし時間に余裕があれば、北前船で財をなした豪商のスゴさがわかる旧中村家住宅（地図3－Ⅳ）、旧関川家別荘（地図3－Ⅴ）などを訪れてみるといい。

新政府のもとで徳川家の再興を目指す

昼前に江差を発ち、再び函館へ向かった。山中を突っ切る国道227号線を使えば、おおむね一時間半程度で函館に到着できる。ただ、ドライブの途中で「うずら温泉」（地図1－⑧）という看板が目に止まり、なんだか気になって思わずそちらへ向かってしまった。このような突発的な行動もあるからこそ旅は楽しいのである。

予想に反して、うずら温泉には西洋のお城のような美しい建物があった。「厚沢部《あっさぶ》うずら温泉 四季の宿」という温泉施設で、宿泊することもできる。硫黄臭もなくさらさらしたアルカリ単純泉にゆったり一時間ほどつかり、別棟の中華料理屋で昼食をとってから、再び車のハンドルを握った。

江差を落として蝦夷全島を制圧した旧幕府脱走軍は、士官約八百人による選挙（入れ札）

を行い首脳を選出した。総裁には榎本武揚、副総裁には松平太郎が就いた。海軍奉行に荒井郁之助、陸軍奉行に大鳥圭介、そして土方歳三は陸軍奉行並、つまり、陸軍奉行に匹敵する役職に就任した。そのほか箱館奉行に永井玄蕃(尚志)、開拓奉行に沢太郎左衛門、会計奉行に榎本対馬、軍艦頭に松岡磐吉《ばんきち》が任じられた。

こうして旧幕府脱走軍は蝦夷を支配する政治権力(蝦夷政府)となったのである。よくこの政権を蝦夷共和国と呼ぶが、その名称は実態とかけ離れている。彼らに共和国を建国したという意識はないし、彼らの願いは新政府のもとでの徳川家の再興だった。

実際、榎本らは新政府に対して「徳川旧臣を呼び集め、蝦夷地を開拓する許可をいただきたい」という嘆願書を提出している。しかし新政府は、その請願を却下した。

かくして蝦夷政府は、新政府との全面対決を覚悟しなければならなくなった。

蝦夷政府は五稜郭を拠点とし、江差と松前に鎮台を置いて兵を常駐させた。また室蘭にも二百五十名の兵を駐屯させ、開拓奉行のもとで原野の開墾にあたらせた。のちの屯田兵の原型と言えるだろう。歳三は陸軍奉行並に加えて箱館市中取締裁判局頭取を兼務した。箱館市街の治安維持が主たる任務であり、新選組の幹部として京都の治安を担当した歳三にとって、まさに適任と言えるポストだった。

蝦夷政府が全島を制圧した十一月半ばから翌年三月初旬までは、歳三にとって平穏な日々が続いた。蝦夷地の冬は雪で閉ざされるため、新政府は手出しをしてこなかったのだ。

近代的な戦術で新政府軍を撃退

しかし翌明治二年三月、新政府がいよいよ動き出した。品川から北へ向けて新政府海軍が出航したのである。すでに旗艦開陽丸を失っているうえ、新政府がアメリカ製の甲鉄艦を手に入れていたので、蝦夷政府はたちまち制海権を握られるだろう。そこで蝦夷政府は、盛岡藩の宮古湾に停泊している甲鉄艦を奪取しようと攻め寄せたが、完全に失敗して撤退した。この宮古湾海戦には歳三も参加していた。

四月九日早暁、大艦隊を率いた新政府軍は江差の北にある乙部（地図1-⑨）から続々と上陸を開始、艦砲射撃の後援を得て江差の町を制圧した。その後、松前口、木古内口、二股口と全軍を三手に分け、箱館五稜郭を目指して進軍していった。

歳三はこのとき二股口の防戦を任された。従う兵は衝鋒隊、伝習隊などのわずか百数十名であったが、付近の高台に次々と塹壕を築いた。私が出演したＮＨＫの「歴史探偵」という番組でも解説したが、今も塹壕の跡はかなり残っている。

『箱館戦争』（五稜郭タワー刊）という著書もある市立函館博物館の初代館長、武内収太氏は、その戦略を次のように高く評価する。

「中山峠に今も残っているいくつかの塹壕の跡をみると、構築法、戦術的配置とも近代的である。記録に残っている戦闘法と陣地の構築の実際から推定しても、攻撃軍をできるだけ胸墻《きょうしょう》（筆者註・胸の高さに積んだ土堤）前まで引きよせて、急激集中的な射撃で的を殲滅することを考慮していた」

しかも土方隊は、峻険な山間の地を巧みに利用し、近くの塹壕や保塁が連携できるような防衛ラインを構築して相手を待ち構えていたのだ。

本当は私も江差から函館に戻る途中、二股口古戦場跡（地図1-⑩）に立ち寄りたかったのだが、まったく観光地化されておらず、国道227号線に車を止めて山へ分け入らなければならない。熊と遭遇したくなかったので、仕方なく断念した。

歳三が迎え討つ新政府軍は、福山藩兵、津軽藩兵、松前藩兵、長州藩兵などの混成部隊六百名。兵数は土方隊の約二倍である。

歳三は敵が近づいてくると一斉に銃撃を命じた。その激しさは砲身が焼けるほどだった。それでも谷川から水を汲んできては砲身を冷やし、射撃を続けさせた。

塹壕からの激しい銃撃により、敵はほとんど前進できない。このとき土方隊が使用した弾は、なんと三万五千発にも達した。死傷者が増えた新政府軍は後退していったが、戦い自体は陽が沈んだあとも続き、最終的には十六時間後に終息した。

四月二十三日、八百人の増員を得た新政府軍は攻撃を再開した。ところが、それでも土方隊の陣地を抜くことはできず、戦いは二昼夜に及んだ。すると自軍の不甲斐なさに憤激した軍監の駒井政五郎は、自ら部下とともに敵陣に突撃する。けれど、歳三の構築した強固な陣地は落とせず、駒井は射殺されしまい、ついに新政府軍は後退したのである。

新政府軍の奇襲で箱館山を奪われる

しかし四月二十九日、歳三は二股からの撤収を決意する。松前も木古内も新政府軍に占拠され、さらにこの日、味方が矢不来《やふらい》（地図1－⑪）で敗れて五稜郭へ逃げ戻ってしまう。このように、他の防衛ラインが次々と突破されたことで、二股を守る意味がなくなってしまった。

むしろ、新政府軍に挟撃される危険が出てきたため、戦いに勝ちながらも陣地を捨てなければならなくなったわけだ。歳三もさぞかし無念だったろう。

五稜郭に戻った歳三は、夜襲を敢行するなど神出鬼没のゲリラ戦で新政府軍を悩ませたが、敵は圧倒的な兵力でジリジリと包囲網を狭めてくる。五月初旬になると、敵艦隊が箱館港に侵入してきては市街地に砲弾を落とすようになった。

さて、私は江差から午後三時すぎに函館市街へ戻ってきたので、そのまま函館山（地図

2-❹）に上ることにした。この山は、不思議といつも中腹に濃い雲がたれ込めている。狭い駅前の駐車場にレンタカーを止め、ロープウェーで頂上へ向かう。窓からは函館港と市街が一望できる。夜景はさぞかしきれいだろうと思っていると、急に煙のような霧に包まれ、何も見えなくなってしまった。耳が気圧の低下を敏感に教えてくれる。

函館山へはロープウェーが便利

やがてロープウェーが大きな窓を持つ展望台の建物に滑り込む。あえて野外に出なくても、景色が楽しめるようになっているのだ。展望台から外へ出るとあいにくの霧である。山頂にはＮＨＫと民放ローカル局の巨大なアンテナ塔が立っていた。伊能忠敬を顕彰する碑もあり、はるばるこの地まで彼が測量にやってきたのだと思うと感慨深い。

さらに端の方へ歩いていくと、風が流れて一瞬、霧が散り、視界がにわかに開けた。下を見て仰天した。驚くほど峻険な崖が切り立っていたのだ。

かつてこの箱館山を守備していた蝦夷政府軍も、新政府軍の兵が崖の下から忽然と姿を現したときにはさぞ仰天したことだろう。明治二年（一八六九）五月十一日、新政府軍の箱館総攻撃が開始されると、新政府兵は夜中に頂上まで必死に登ってこの崖下にへばりつき、息を潜めて夜が明けるのを待っていたのだ。

この奇襲に、箱館山はひとたまりもなく陥落してしまう。この高台を奪われたのは非常に痛かった。湾内や市街地のみならず、五稜郭をも見下ろせる場所だからだ。上陸した新政府軍の総攻撃によって、早くも午前十時ごろには箱館市街もほぼ制圧されてしまった。

明日は、そんな函館市街にある歳三や戊辰戦争の史跡を巡ることにしよう。

総攻撃を受け、自ら死地に向かう

箱館市街が新政府軍によって制圧されるなか、唯一抵抗していたのが箱館湾に突き出た弁天台場（地図2－❺）だった。五稜郭と同時に築造された砲台基地で、主に新選組が立て籠もって新政府軍に激しく抵抗していた。

容赦なく砲弾を撃ち込まれ、このままでは危うい状況であることを知った土方歳三は、自ら出陣して弁天台場の救援に向かう旨を蝦夷政府の幹部たちに申し出た。箱館市街が敵の手に落ちようとしている状況で、湾の突端に位置する弁天台場に行くのは不可能に近い。だが、歳三は額兵隊五十名と立川主税《ちから》、安富才輔、沢忠助ら数名の側近（新選組隊士）を率いて五稜郭をあとにした。そして、そのまま箱館湾を目指して進軍していった。途中の一本木（現、函館市若松町）には関所が設けられていたが、ここまできたとき、敵に追われて退却する味方の兵に遭遇した。すると歳三は、馬上で帯剣を振り上げ、「逃げるな。退く者は斬る！」と叫び、「俺はここで指揮をとる。突撃せよ」と額兵隊に命じた。が、そのとき一発の銃声が轟き、にわかに歳三の身体が傾いて馬上から崩れ落ちた。

歳三の腹部を銃弾が貫通しており、沢忠助が駆け寄ったときはすでに事切れていた。三十五歳であった。

京都時代、歳三は頻繁に廓《くるわ》に通い、多くの芸妓たちと浮き名を流していたが、箱館に来てから人が変わったという。佐倉藩の依田学海は、「諸将士、みな歓呼酔飽《かんこすいほう》、あるいは声色に溺るる者あり。歳三、ひとり粗食にみずからあまんじ、婦人を近づけず」と記している。また、新選組隊士の中島登《のぼり》も「生来英才にしてあくまで剛直なりしが、年の長ずるに従い温和にして人の帰すること赤子の母を慕うがごとし」と語っている。

女性も近づけず、温和に変貌したのは、ここにきて死は免れないと達観したからではないだろうか。新政府に捕らえられた盟友の近藤勇は有無を言わせず処刑され、その首は京都の三条河原に梟首《きょうしゅ》された。ゆえに自分も春までの命――。これが、歳三と他の人たちとの決定的な違いだった。万が一にも助かる見込みがないことで逆に腹もすわり、悟りにも似た気持ちになり、歳三の肉体から脂ぎった欲をそぎ落としたのかもしれない。

箱館戦争の犠牲者は両軍合わせて千百名以上

翌朝早く、私は歳三が息を引き取ったという場所に出向いた。現在の函館市総合福祉センターの近くだったとされ、センターの敷地内には土方歳三最期の地碑（地図2-❻）がある。白木造りの一本木関門も復元されていた。JR函館駅から歩いて十五分程度だ。多くのファンが訪れるのだろう、碑には歳三の写真が飾られ、花がたくさん供えられていた。

なお、歳三が救おうとした弁天台場はすべての弾薬を使い果たした。新選組はこれ以上戦えないと判断し、新政府の降伏勧告を入れて、台場の門を自ら開いた。

函館駅前から市電に乗り、わずか十二分で「函館どつく前」駅に到着する。降りて目の前にある入舟児童公園がもう弁天台場跡で、入口脇に案内板と「新選組最後の地」の碑がある。周囲は今や完全に住宅地になっていて、この地が箱館戦争で新政府の陸海軍からすさまじい攻撃を受けたことなど想像できない。

弁天台場は明治二十九年（一八九六）、函館港の改良工事で取り壊されてしまった。解体工事を担当した広井勇工学博士は、「この砲台の築造は今日のものに比して少しも遜色がない。その四隅には鉄柱を貫通し堅牢にして用意周到を極めたもので、その完全な砲台が安政の昔に於て築かれた事を思えばその建築者の才能を敬望せざるを得ない」（白山友正著『武田斐三郎小伝』軍事史学 通巻三十一号）と高く評価している。

歳三の死から一週間後、五稜郭が開城して箱館戦争は終わりを告げた。この戦争での死者は新政府方が約三百人、蝦夷政府方は約八百人だったと言われる。

「土方歳三最期の地碑」には
全国から訪れる土方ファンによる献花が絶えない

戦争終結直後の五月二十一日、新政府軍は大森浜で招魂祭を執行した。そして降伏した敵兵を使役し、箱館山の中腹（現、函館市青柳町）に招魂場（社）をつくらせ、九月五日から三日間に渡って慰霊祭を挙行した。そこが明治七年には官祭招魂場、そして昭和十四年に函館護国神社（地図2-❼）となった。

神社は函館市街が一望できる涼やかな高台にある。長い階段を上って大鳥居をくぐると、「招魂場」と刻まれた大きな石碑が目に入ってくる。総督府の清水谷公考が刻んだ文字と言われる。本殿の裏手に並んでいる墓石は、箱館戦争で命を落とした新政府軍の兵士や軍夫たちのもの。弘前藩士、備後福山藩士、大野藩士と、墓石の氏名と藩名、さらには享年を一つひとつ眺めながら、墓地を歩いてみた。ほとんどが二十代の若者で、なかには十代の少年もいる。この若さで死ななければならなかった薄幸さを思い、しばし慄然とする。ただ、新政府軍の死者はまだ幸福だったと言える。蝦夷政府方の戦死者は、新政府軍の命によりそのまま放置されたからだ。

旧幕府軍兵士を弔った一人の侠客

だが、死者に鞭《むち》打つべきでないと考えたのが侠客の柳川熊吉であった。若いころは札つきのワルで、親友の仇討ちを助太刀して相手を殺め、そのまま箱館へ逃れてきた人物だ。五稜郭の築城を手伝ったことで旧幕府脱走軍には親しみを持っており、戦争が終結すると箱館の実行寺《じつぎょうじ》の住職日隆に相談し、子分たちを連れてあちこちに斃《たお》れている遺体を集め、実行寺や称名寺などの諸寺院に埋葬した。

この行為は新政府軍の咎《とが》めを受けることになり、五稜郭政府に通じる者としていったん処刑されかけたが、軍監の田島圭蔵の取りなしで助命された。

箱館戦争が終結して三年後の明治五年（一八七二）五月、元蝦夷政府の総裁・榎本武揚は船で函館（箱館は戦争後に函館と改称）の地に降り立った。新政府に出仕していた榎本の目的は、函館付近の鉱物調査だったが、犠牲になった友や同志を思い、各寺に分散して葬られている仲間のもとに出向いて慚愧の涙を流したに違いない。

それから三年後の明治八年、函館港に東京から一隻の蒸気船が入ってきた。この船には「碧血碑」という銅製の文字が張りつけられた、高さ八メートルの巨大な碑が積まれていた。題字は大鳥圭介の筆によるもので（異説もある）、「義に殉じて流した血潮は、三年経つと碧くなる」という荘子の言葉にちなんでいる。榎本武揚や大鳥圭介など、箱館戦争で生き残った者たちが金を出し合って碧血碑（地図2－❽）と呼ばれる慰霊碑をつくったのだ。函館護国神社内にある新政府方の招魂場碑に比して、はるかに立派で大きなものである。各寺に埋葬されていた約八百名の遺体を函館八幡宮の裏山（谷地頭）に改葬し、その上にこの碧血碑を置いた。

函館山の麓、妙心寺の裏手に
ひっそりたたずんでいる碧血碑

私は約二十年ぶりに碧血碑を訪れた。相変わらず碑は山の奥まったところにある。水色の紫陽花《あじさい》が群生する階段をしばらく上ると、やがて左前方に巨大な碑が目に入ってくる。碑の台座には誰が持ってきたのか、千羽鶴がかかっていた。草が伸び放題になっており、少しじっとしているとヤブ蚊が襲ってくる。蝉の声がとても騒がしく、脳内に入り込んできたかのようだ。周りは草木に囲まれ、陽光はほとんど差し込まない。碑の背後の山肌は草に覆われているが、よく見ると石垣が組まれている。また、碑の周辺には墓石のようなものがいくつも無造作に転がっていた。

放置されていた五稜郭政府兵の遺体を葬った柳川熊吉は晩年、この場所で墓守をして世を終えたと伝えられる。この人を記念して建てられた「柳川熊吉翁之寿碑」も碧血碑のすぐ側にたたずんでいる。もう少し感慨に耽っていたかったが、ヤブ蚊に邪魔をされたため早々にこの地を後にした。

歳三が従者に託した遺品

土方歳三が亡くなって一年後の明治三年（一八七〇）七月初旬、見知らぬ少年が日野の佐藤彦五郎邸に現れた。彦五郎は歳三の義兄で、若いころ歳三はこの家に入り浸っていた。

少年は名を市村鉄之助と言い、慶応三年（一八六七）の暮れに十四歳で新選組に入隊した最年少の隊士だった。年少ながら、歳三の従者として戊辰戦争の硝煙をくぐり抜けてきた強者だ。

新政府軍の箱館攻撃が始まる直前の五月五日、歳三はこの鉄之助に自分の遺品を持たせ、日野へ行くことを命じた。この時点で、歳三は自分が生きながらえることはないと覚悟していたことがわかる。

鉄之助は抗ったが、歳三は許さなかった。この少年の命を救ってやりたいと思っていたのだろう。歳三に押し切られた鉄之助は、五稜郭を脱して箱館湾へ行き、外国船に同乗させてもらい本州へ逃れた。そこから物乞いに変じ、歳三との約束を果たすために潜行して、ようやくのことで日野の地を踏んだのだった。

写真師の田本研造が撮影したと伝えられる
洋装の土方歳三

出典：国立国会図書館
「珍らしい写真（永見徳太郎編／粋古堂／昭和七）」

鉄之助が歳三から託されたのは、箱館で撮影された写真と遺髪であった。

写真は私たちがよく知る、あの土方歳三である。洋式の軍服を身にまとい、マフラーを巻いた切れ長で二重まぶたのりりしい人物、その顔をよく見ると、かすかな笑みを含んでいる。

二度目の函館の旅を終え、今あらためてこの写真を見ると、時代の流れと己の運命をすべて受け入れ、達観しているかのように思えてきた。

プラン（三）

江戸城から泉岳寺へ。歩くと見えてくる元禄赤穂事件の真相

東京の旅

地図1 東京都心東側

319
上野駅
隅田川
17
6
1
8
秋葉原駅
両国駅
14
回向院
③②
⑤
一之橋
松坂町公園
江戸城（皇居）①
C1
万年橋⑥
地図2
東京駅
⑦
清澄庭園
50
⑨⑧
⑩
赤穂義士
休息の石碑
歌舞伎座
C1
301
⑬
463
新橋駅
⑪
⑫
⑭
船員教育
発祥之地の石碑
仙台藩上屋敷
15
鉄砲洲稲荷神社
聖路加国際病院
⑮
金杉橋
築地本願寺
2
1
484
10
11
泉岳寺
④
11
品川駅
480

地図2 皇居東御苑

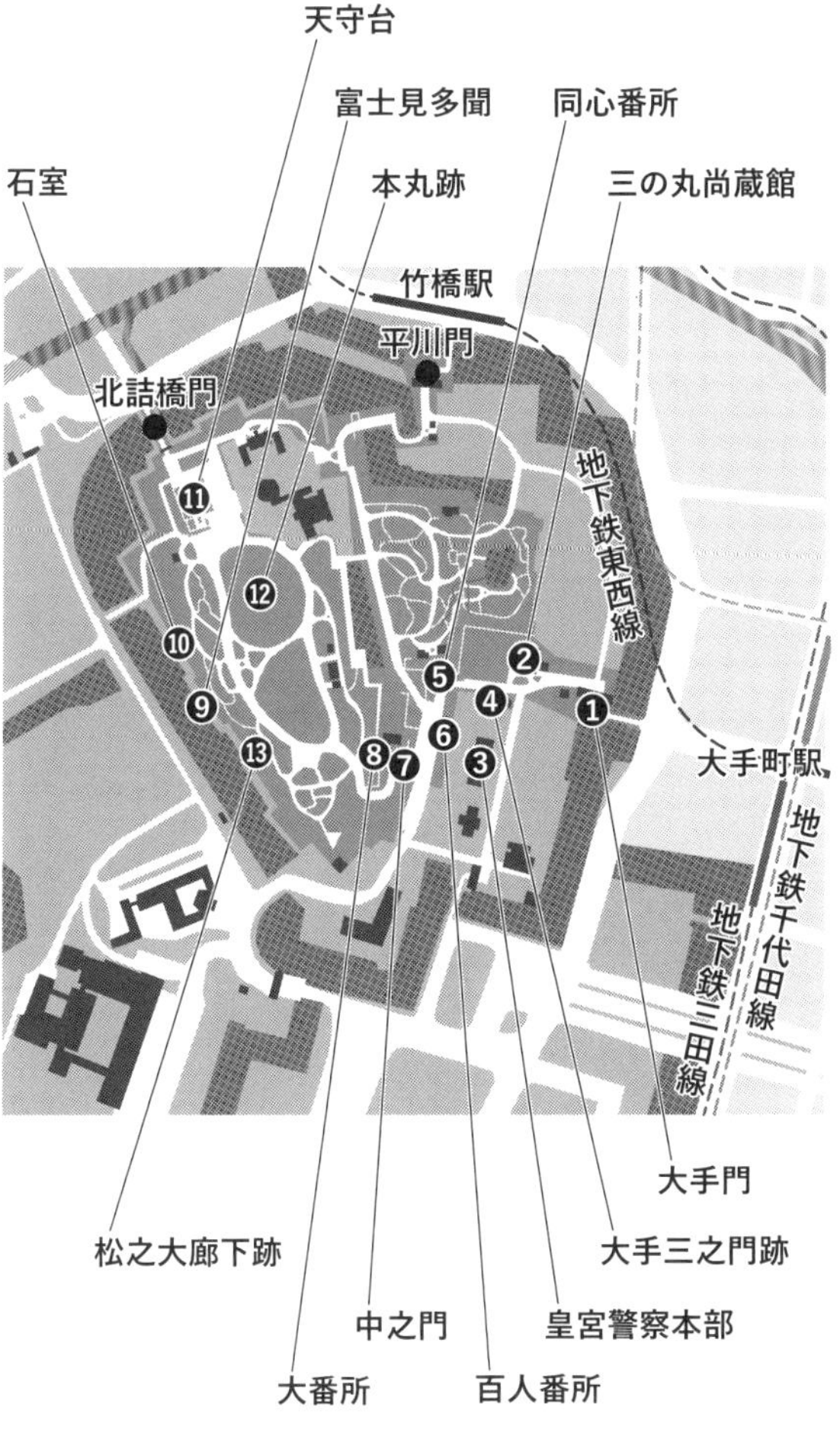
天守台
富士見多聞
同心番所
石室
本丸跡
三の丸尚蔵館
竹橋駅
平川門
北詰橋門
地下鉄東西線
大手町駅
地下鉄千代田線
地下鉄三田線
大手門
松之大廊下跡
大手三之門跡
中之門
皇宮警察本部
大番所
百人番所

一般に開放されている江戸城本丸跡

今日は江戸城（地図1－①）にやってきた。二〇二三年のNHK大河ドラマは『どうする家康』だったが、天下人徳川家康が天正十八年（一五九〇）から拠点にした城で、その後は江戸幕府の歴代将軍がこの城に住した。言うまでもなく、明治時代からは皇居として用いられている。

もともと江戸城は太田道灌が築城し、戦国時代は小田原北条氏の重要拠点の一つだった。だが、江戸城を日本一の石垣造りの大城郭に改変したのは徳川家だ。家康から始まった天下普請（諸大名を総動員した城郭工事）は、三代将軍家光の時代にほぼ完成を見た。

東京メトロ東西線の大手町駅C13a出口から地上に出ると、彼方に江戸城の大手門（地図2－❶）が見える。満々と水をたたえた内濠《うちぼり》を渡り、大手門へ近づいていく。門の白壁に陽光が反射し、まぶしいくらいだ。ここがかつての江戸城の正門であった。

大手門をくぐると正面に高い石垣がそびえ、行き止まりになる。周囲は枡形になっていて、右へと続く通路を城門で閉ざしてしまえば、まさに袋の鼠だ。

旧大手門は先の大戦で焼失し、現在の門は戦後の再建である。ともあれ、ここから江戸城本丸跡（皇居東御苑・地図2）に入っていこう。

門の向こうは皇居東御苑《ひがしぎょえん》の入口である。東御苑は江戸城の本丸と二の丸、三の丸（一部）跡を一般に開放した二十一万平方メートルに及ぶ庭園で、入場は無料。写真やビデオ撮影も許可されているが、必ずここで入園票をもらって入らなければならない。

江戸城の正門だった大手門

入ってすぐ、右手に三の丸尚蔵館《しょうぞうかん》（地図2－❷）の建物が立つ。戦前、各地から皇室に寄贈された多くの宝物を管理しており、毎年さまざまな企画展が行われている。坂本龍馬の裏書きがある桂小五郎が認めた薩長同盟の条文、蒙古襲来絵詞、狩野永徳の「唐獅子図屛風」など、教科書に登場する有名な書簡や絵画も所蔵している。

ちなみに、同館は令和五年十月一日付で宮内庁から独立行政法人国立文化財機構へ管理、運営が移管された。

反対の左側には皇宮警察の建物（地図2－❸）が並び、そのなかには旧枢密院の建築物も現存する。枢密院とは戦前の天皇諮問機関で、かつては保守派の牙城として大きな政治力を持っていた。

かつての栄華に思いを馳せる

しばらくまっすぐ行くと、大手三之門跡（地図2-❹）の石垣に至る。ここを越えると二の丸の区域に入るが、右手に純和風の建物が見えてきた。同心番所（地図2-❺）といって、登城する大名たちを監視する場所であった。番所をすぎて左に折れ、再び石垣の間を抜けると、左手に京都の三十三間堂のような細長い屋敷が姿を見せる。名を百人番所（地図2-❻）と言い、鉄砲百人組と呼ばれた甲賀組、伊賀組、根来組、二十五騎組の四組が交替で常駐し、監視を行っていた。百人番所をすぎるとまた門跡がある。中之門（地図2-❼）だ。そこを入ると、右手にまた番所。大番所（地図2-❽）という名称だが、百人番所に比べてそれほど大きくはない。ただ、百人番所より高位の御家人が詰めていた。

大番所からはうねうねとなだらかな坂が続き、上りきると視界が一気に開ける。ここが本丸の中心部で、江戸時代には書院づくりの巨大な御殿があり、内部は表、中奥、大奥と続いていた。建物の形状は、京都の二条城の二の丸御殿を思い浮かべるといい。江戸城本丸御殿には将軍が住み、諸大名や旗本が集まり、さまざまな儀式や典例が行われていた。

現在、本丸に当時の御殿は残っておらず、跡地は一面の芝生と洋風庭園が広がっている。ただ、周辺には楠や松などの巨樹が林立し、江戸時代の趣をわずかに感じさせてくれる。

各所にベンチが置かれているので、腰掛けて歴史に思いを馳せるのもいいだろう。

本丸の散策路はきれいにコンクリート舗装されていて、郭内には石垣上に立つ長屋形式の富士見多聞《ふじみたもん》（地図2-❾）が現存する。江戸時代には大量の武器が保管され、敵が来襲した際には格子窓から敵を狙撃することもできた。本丸にはこうした多聞が十五棟あったというが、残っているのはこれ一つだけだ。

一般に開放されている本丸大芝生

富士見多聞から坂を下りきると、左手に石室《せきしつ》（地図2-❿）がポッカリと暗い口を開けている。石室とは、石垣で囲まれた暗室のような小部屋のこと。この場所は大奥上御納戸の脇に位置し、火事などの際に調度品を避難させたと考えられている。ただし、抜け穴や金蔵だという説もある。少し不気味である。

石室から目を遠方に転じると、木々の狭間から石積みが見える。異国の祭壇のような印象だが、これが天守台（地図2-⓫）である。かつての江戸城には、五十八メートルもの高さを持つ天守があった。しかし、明暦の大火で焼け落ちてから再建されることはなく、この石積みの天守台だけが残された。天守台には石段があり、その頂《いただき》に上ると視界が開けているので、日本武道館など都会の景色を楽しむことができる。

近年、江戸城天守を再建しようという運動が盛り上がっているが、私としては、まず江戸後期まで存在した本丸御殿を復元してほしい。詳細な図面が残っているし、大奥をはじめとする歴史の舞台となった場所も数多くあるからだ。

もし江戸城本丸御殿の復元が実現すれば、多くの外国人観光客が訪れるだろう。現に今日も、拝観者の半分以上が外国人とおぼしき方々だった。きっと大きな経済効果があるはずだ。

吉良上野介は足利尊氏の血を引く〝貴種〟

本丸跡（地図2－⑫）を左回りに歩いていくと、最初に現れるのが「松之大廊下跡」と刻まれた小さな石碑（地図2－⑬）である。そう、赤穂藩主の浅野内匠頭長矩《あさのたくみのかみながのり》が、吉良上野介《きらこうずけのすけ》義央《よしひさ》に対する刃傷沙汰《にんじょうざた》を起こしたという有名な廊下だ。ここが仮名手本忠臣蔵の最初の舞台である。

今回は忠臣蔵のもとになった元禄赤穂事件にスポットを当て、各地を巡るつもりだ。それも赤穂浪士側ではなく、吉良側の視点に立って事件を考察しながら旅をしようと思う。

事件は元禄十四年（一七〇一）三月十四日に起こった。この日、江戸城の白書院で将軍綱吉が勅使に奉答する儀式が行われる予定だった。幕府は毎年始めに朝廷に使者を送り、その返礼として江戸に勅使が派遣される。

そんな勅使を接待する饗応役に赤穂藩主の浅野長矩が任じられた。長矩が松の廊下で襲った吉良義央は、高家肝煎《きもいり》（筆頭）として勅使饗応役を指導する立場にあった。

高家とは、幕府や朝廷の儀式典礼を司り、勅使の接待や京都への使者を務める家柄である。また、日光東照宮や伊勢神宮などの諸社へ代参（将軍の代わりに参拝）し、幕府の諸儀式の際には御三家や国持大名の給仕を担い、平時は老中の登城退出の送迎を行った。

「松之大廊下跡」の石碑

足利将軍家、織田信長、武田信玄など、高貴な血筋を引く家が高家とされ、全部で二十六家（武家十八家と公家八家）が存在した。吉良氏は室町幕府の将軍、足利氏の一門である。高家は畠山氏の四千石が最高で、平均すれば二千石程度。三千石の吉良氏は、高家のなかではかなり高禄だったことになる。

幕府が高家を設けたのは、名族の血統を尊重し、それを保持するという意味合いが強かった。だから代々世襲とされ、貴種ゆえ官位は大名に匹敵するほど高い。吉良上野介義央は二十八歳で家督を継ぎ、十数年間に渡って高家肝煎という地位にあった。役高は二千石、官位は正四位少将を賜っている。肝煎は高家から三名が選出され、月番で勤務にあたった。諸大名に儀式の指導をすることが多く、その際には多額の謝礼を受け取ったという。

事件当日、義央（六十一歳）は松の大廊下の角柱から十一メートルあたりのところで梶川与惣兵衛頼照《よりてる》（五十三歳）と立ち話をしていた。すると背後から浅野長矩（三十五歳）が殿中指《でんちゅうざし》（儀式の際に帯びる一尺未満の短刀）で斬りつけてきたのである。衝撃に驚いて振り向くと、長矩は義央の額を切った。仰天して逃れようとすると、長矩はさらに背中へ二太刀斬りつけたのである。義央は、そのまま前のめりに倒れ込んでしまった。

間近にいた梶川頼照がとっさに長矩を取り押さえ、周りの人々も駆けつけた。高家の品川伊氏《これうじ》と畠山義寧《よしやす》は倒れた義央を助けて、その場から立ち去った。

このときの様子は、頼照が『梶川氏筆記』にまとめている。

それによると、長矩は義央に「この間の遺恨覚えたるか！」と叫びつつ襲いかかったという。その後も「吉良に意趣（恨み）があり、殿中での大事な儀式だったが、是非に及ばず討ち果たした」と大声で叫び続けたので、周囲の者が「もはや事は終わったのだ。お黙りなさい」とたしなめ、ようやく静かになったとされる。

〝喧嘩両成敗〟が成立しなかった理由

長矩はそのまま柳の間に引き立てられた。一方の義央は、桜の間に近い板縁で二人の当番医師（内科の津軽意三、外科の坂本養慶）から応急措置を受けたが、額からの血がなかなか止まらない。そこで幕府は、急きょ外傷専門の金創医《きんそうい》（南蛮外科）である栗崎道有《どうう》を呼び出したのである。道有が義央を診察すると、出血がひどいうえ生あくびを連発していた。放っておくと出血多量で落命する可能性がある。額の傷は長さおよそ三寸五、六分（約十センチ）。ややや深く骨にまで達していた。背中の傷は皮膚と筋肉の間にとどまる浅手だったが、長さは六寸（約十八センチ）もあった。

道有は持参した振り出し薬（生薬などを細かく刻んで袋に入れたもの。湯を注ぎ服用する）を飲ませたあと、家伝の膏薬を貼りつけた。そして義央の白帷子（下着）の袖を裂き、その布で傷の上を包み、さらに額の傷を手で圧迫させて家来に寄り掛からせた。

こうして初期治療を終えたが、その後も吉良家から加療してほしいとの依頼があったので、今度は額の傷を熱湯できれいに洗い、傷口を六針縫って綿糸をほぐしたものを傷口に当てた。浅手だった背中の傷も三針縫い、白帷子を裂いて包帯代わりとした。

その後、お湯を与えたが、義央が午前六時に朝食をとったのみだと知ると、道有は台所の飯に焼き塩で味つけし、湯漬けをつくって食べさせた。すると義央は元気を回復した様子だったので、道有は安堵して城内から退出した。

やがて吉良上野介義央と浅野内匠頭長矩は蘇鉄の間の両端に連れて行かれ、それぞれ目付たちから事情聴取を受けた。義央の担当が久留十左衛門と大久保権左衛門。長矩の担当が多門伝八郎と近藤平八郎だった。ただ、記録を残したのは伝八郎だけで、かなりの浅野びいきだったと言われているが、これを参考に取り調べの様子を語っていこう。

なお、現場に居合わせた梶川頼照も老中の阿部正武ら重職の面々から取り調べを受けた。特に、「吉良が脇差しに手をかけたか、あるいは鞘から抜いたか」を執拗に尋ねられている。

もし義央が脇差しに手をかけたり抜いたりしたのであれば、長矩と戦う意志を示したことになる。つまり、売られた喧嘩を買ったわけだ。喧嘩ならば両成敗が原則になるため、頼照の証言は極めて重要だった。

しかし、頼照は「吉良にそうした行為はなかった」と明確に否定した。これにより、長矩が義央に対して一方的に危害を加えた事実が明白となった。

「遺恨があった」は本当か

精神状態が乱れ、常軌を逸して分別を無くすことを乱心と呼ぶが、吉良義央は取り調べにおいて、最初から「浅野は乱心したのではないか」と答えている。

ところが途中から、目付は義央に対して「浅野から恨まれる覚えはあるか」と尋ねるようになった。長矩が「自分は個人的な遺恨があり、一己の宿意をもって前後を忘れ、討ち果たしてやろうと刃傷に及びました」と目付に自白したからである。

しかし義央は、即座に「何の覚えもこれなし」と答えた。それが本音だったかどうかはわからない。もし「覚えがある」などと言えば、自分の落ち度を認めることになるからだ。そんなことは口が裂けても言えない。

では、長矩は義央にどのような恨みを抱いたというのか。これについて長矩は最後まで具体的な内容を話さず、単に「遺恨があった」と繰り返すだけだった。

こうした状況をふまえると、そもそも浅野内匠頭長矩は本当に吉良上野介義央に恨みを抱いていたのか、怪しく思えてくる。

先ほど、長矩が義央の背後から「この間の遺恨覚えたるか」と叫んで襲いかかったという『梶川氏筆記』の記述を紹介したが、実はこれより古いと思われる写本にその文言はない。単に「声かけ切り付け申され候」、つまり何かを叫びながら斬りつけたとだけ記されているのだ。こちらの方が事実だとすれば、精神に異常をきたし、妄想が膨らんでとっさに人に襲いかかった可能性も否定できなくなる。

傷害事件を起こしたあと、我に返った長矩が自分の行為を後づけで正当化するために、「遺恨があった」と叫んだのではないか。もしかしたら、取り押さえられる際に「いったいどんな理由があって、このような馬鹿なことをするのだ」と誰かに問われ、思わず「恨みがあった」と怒鳴ったのかもしれない。

もし遺恨があったとしても、義央を殺す機会は他にいくらでもあったはずで、儀式当日に犯行に及ぶ必然性はない。ともかく、長矩は遺恨の理由を具体的に説明していないのだ。

刃傷沙汰への対応のまずさ

事情聴取の結果、長矩本人の証言から加害行為は乱心ではなく、遺恨によるものと認定された。このため、江戸城から田村右京大夫《うきょうだゆう》邸に移された長矩は、「不届きにつき切腹」を申し渡された。一方の吉良上野介義央は、「場所をわきまえて手向かいせず、神妙の至りである。大切に保養せよ」と無罪放免となった。

至極まっとうな判決に思えるが、これは異例なことであった。大名クラスの江戸城での刃傷沙汰は、それ以前に二回発生している。目付の豊島刑部が老中の井上正就《まさなり》を襲った事件と、若年寄の稲葉正休が大老の堀田正俊を襲った事件で、いずれも加害者は被害者を仕留めている。そして、加害者もその場で周囲の者たちに成敗された。今回のように、双方が生存しているケースは初めてだった。

殿中で刃物を用いて人に斬りつければ改易は免れない。それを知りながら、どうして長矩は義央を確実に殺さなかったのだろうか。

殺すことは容易だったはずだ。長矩はまず、相手の背中に刃物を振り下ろしている。ところが、興奮して目測を誤ったのか、わずかにかすった程度だった。その後、驚いて振り向いた義央の額を斬りつけ、さらに二太刀ほど背中を切っている。そこでようやく梶川頼照に取り押さえられた。このように時間的な余裕はあったし、相手は六十一歳の老人である。なぜ義央を押さえつけて、腹部や胸部を短刀で刺さなかったのだろうか。一尺足らずの小刀を振り下ろしても、人を確実に殺すのは難しい。なんとも不思議なことである。

もしここで義央が落命していれば、主君長矩は意趣返し（仕返し）を成し遂げたわけで、その後、赤穂浪士が吉良邸に討ち入るような展開はなかったはずだ。

さらによくないのは、現場にいた梶川頼照の対応だ。本来なら、その場でただちに狼藉者（長矩）を成敗してしかるべきだった。前回の刃傷沙汰はわずか十五年前の出来事で、将軍も同じ綱吉。このとき居合わせた老中たちは、寄ってたかって加害者の稲葉正休にとどめを刺している。義央と長矩の双方が死んでいれば、主君が本意を遂げたと考え、赤穂旧臣は甘んじて改易処分を受け入れただろうし、少なくとも長矩が成敗されていたら、事件は「乱心」として処理されたはずだ。

長矩をすぐ殺さず、事情聴取で「吉良に遺恨があった」と言わしめてしまったことで、赤穂浪士たちに義央を主君の仇だと思い込ませ、さらには討ち入り事件を誘因した。そういう意味では、前例に従わなかった梶川頼照の罪は重い。それにもかかわらず、幕府は事件での対応を評価して彼に五百石を加増したのである。

悪評はすべて事件後のもの

長矩は遺恨の理由を述べずに自害したが、世間ではデマが流布していた。勅使饗応役である長矩のつけ届けが少ないことに憤慨した義央が、ことあるごとに長矩に嫌がらせやいじめを繰り返し、恨みを持った長矩が儀式当日、ついに犯行に及んだというものだ。長矩が義央から罵詈雑言を浴びせられ、それに耐えかねて犯行に及んだという噂も流れた。

赤穂浪士の堀部弥兵衛（金丸）などは後者の説を信じ、「これは喧嘩である。主君が成し遂げられなかった思いを遂げよう」と主張し、吉良義央をつけ狙うようになった。

ただ、繰り返しになるが、長矩本人は具体的な事情を黙秘したまま亡くなったわけで、永遠にその真相はわからないのだ。

忠臣蔵では、吉良義央はひどい悪人として描かれるが、それは事実なのだろうか。

当時、尾張藩士が記した『鸚鵡籠中記《おうむろうちゅうき》』には、「吉良は欲深い人間で、つけ届けを求める」とある。こうした悪評を記した同時代の記録はいくつか存在するが、すべて刃傷沙汰後の人物評である。高家としての仕事ぶりを高く評価した記録はあるが、事件前から義央を悪く評した記録は皆無なのだ。

そういう意味では、義央に悪人の烙印《らくいん》を押したのは世間の人々だった。「遺恨があった」という長矩の言葉が一人歩きし、「本来は喧嘩による刃傷沙汰なのに、浅野家が改易、吉良家が無罪なのは不公平だ」という庶民の判官贔屓《ほうがんびいき》が発動したのだろう。

事件翌日の午前三時ごろ、義央はようやく平川門から駕籠に乗って江戸城を退出した。ただ、伝奏屋敷前には赤穂藩の家臣たち詰めかけていたので、彼らの襲撃を警戒して近くを通るルートを避けたという。幕臣たちも義央の警備にあたり、呉服橋門内にある吉良邸には、米沢藩上杉家の家来たちも駆けつけた。実は義央の妻・富子は、米沢三代藩主・上杉定勝の娘だった。兄で四代藩主の綱勝が嗣子《しし》無くして急逝した際、急きょ義央と富子の息子・綱憲が五代藩主を継承したのである。しかし義央には息子が綱憲しかいなかったので、綱憲の次男・左兵衛義周が義央の養子となっていた。このように、吉良家と上杉家は二重の縁で結ばれていたのである。

吉良上野介義央は、刃傷沙汰から十二日後の三月二十六日に高家肝煎職を辞した。刃傷沙汰の被害者ではあったものの、騒ぎの責任をとったのだろう。

大石内蔵助は急進派の制御に苦心

一方の赤穂藩では、長矩がその日のうちに田村邸（一関藩邸）で切腹し、赤穂藩は改易（御家取り潰し）となった。江戸藩邸から国元に急使が派遣され、家臣たちは大混乱に陥ったが、国家老《くにがろう》の大石内蔵助がそれを鎮め、赤穂城を引き渡して藩は断絶となった。

内蔵助はその後、京都を拠点にして積極的に御家再興運動を始めた。ただ、江戸詰めの藩士たちのなかには、「亡君の思いを継ぎ、その遺恨を晴らすため吉良邸に押し入って義央を殺すべきだ」と主張する過激な者たちがいた。その筆頭が堀部安兵衛だったが、そうした急進派はごくわずかで、大多数は内蔵助の御家再興運動を強く支持していた。

事件からおよそ四カ月後の八月十九日、吉良家は幕府に屋敷替を申請している。自発的に願い出た形になっているが、実際は幕府に引っ越しを強要されたようだ。

実は刃傷事件以後、赤穂の浪人たちが復讐のため吉良邸に討ち入るのではないかという噂が盛んに流れ、庶民もそれを楽しみに待つほどだった。このため吉良邸の近隣にいる大名や旗本たちも、それを警戒して屋敷の警備を厳重にせざるを得なかった。

浪士たちがいつ討ち入ってくるかわからず、ピリピリした緊張状態がいつまでも続くのではたまらない。隣家の蜂須賀飛騨守などは困り切って、「赤穂浪士が吉良邸に入り込んできたらどう対応すればよいか」と幕府に尋ねる始末だった。幕府は「いっさい、かまわなくてよい」と答えたという。同じような質問にうんざりしていたのかもしれない。

こうして吉良家はやむなく屋敷替となったが、江戸城近くの呉服橋内から本所の松平愛之助の旧邸に引っ越すことになった。本所は当時、江戸市中の外。つまり中心部から外れた辺鄙な場所に移されてしまったのだ。しかも、隣には回向院という寺があり、目の前には堅川が流れていた。「ここなら、たとえ討ち入り騒ぎが起こってもかまわない」と幕府が判断したのかもしれない。実際、堀部安兵衛ら江戸の急進派が活気づき、「屋敷替は襲撃の好機である」と大石内蔵助に討ち入りをせっついている。

同年十一月二日、内蔵助が江戸に下ってきた。御家再興を実力者に嘆願し、長矩の正妻・阿久里へ挨拶するためだというが、急進派の過激な行動を抑える目的もあったと思われる。

同年十二月十一日、吉良上野介義央は幕府に隠居願を提出した。幕府はすぐに了承し、翌十二日、養子の左兵衛義周《よしちか》（義央の孫）が吉良家の家督を相続した。まだ十六歳であった。

そして翌十二月十三日、吉良家は本所に転居したのである。申請から転居までずいぶん時間がかかっているが、更地同然だった本所の屋敷地の建物を大幅に修築していたからだという。

浅野家再興の望みを絶たれる

吉良邸が本所に移ると、赤穂浪士の一人である神崎与五郎らが近くに住み、屋敷の様子をうかがうようになった。当初、警備はかなり厳重だったが、塀が薄いため、夜になると明かりで邸内の様子がよくわかった。

隠居の身となった義央は時間に余裕ができたようで、あちこちの茶会に出向いたり、米沢藩の上屋敷や芝白金の下屋敷に泊まったりすることも多くなった。実は浪士の襲撃を警戒してか、義央は妻の富子を米沢藩の下屋敷に寄寓させていた。また、息子で米沢藩主の綱憲が病気を患《わずら》っており、たびたび上屋敷を見舞っていたようだ。こうしたことから、赤穂浪士たちはなかなか義央の在宅日をつかめないでいた。

さらに御家再興の可否が決まらず、義央が米沢藩（上杉家）に引き取られるという噂も流れてきて、焦った急進派浪士が単独で吉良邸に討ち入る気配を見せた。

もはや急進派を抑えられないと判断した大石内蔵助は、翌元禄十五年（一七〇二）二月、御家が再興するかしないかは別として、「亡君の三回忌（翌元禄十六年三月十四日）あたりに吉良の首をとる」と討ち入りを約束した。ただ、それは本音ではなく、この時点ではあくまで急進派の暴発を避けるための方便だったように思われる。

同年七月十八日、ようやく浅野大学（長矩の弟）の閉門（謹慎処分）が解かれた。しかし、大学を当主として浅野家を再興することは認められず、当人は浪人として本家の芸州浅野家へのお預けが決定した。

内蔵助の夢は無に帰した。ここにおいて残された道は、吉良義央の首をとることになったわけだ。内蔵助の真の狙いは義央への復讐ではない。義央を殺すことで幕府の不公平な裁定に抗議の意志を表明することであり、ある意味、幕府への謀反だとも言える。つまり、吉良家は生け贄にされたわけだ。

こうして同年十月、大石内蔵助らは江戸へ下向し、それ以後、浪士たちは義央の在宅日を内定することと邸内の地図を手に入れることに力を注いだ。

そして十二月十四日夕方、浪士一行は堀部安兵衛宅に集合、翌十二月十五日未明、吉良邸に討ち入ったのである。

浪士たちはわずか一時間ほどで邸内の制圧に成功したが、浪士側には一人の犠牲者も出なかった。対して吉良家では十五人から十九人が討ち死にし、二十人から二十三人が負傷している。諸道具を持参し鎖帷子《くさりかたびら》を着込むなど、浪士たちの綿密な準備が功を奏したのだ。戦車に乗った武装兵士が民家に侵入してきたようなもので、吉良側がとても太刀打ちできるものではなかった。

忠臣蔵で描かれるような激闘はあったのか

邸内には吉良家の家来が八十、九十人程度いたと言われるが、浪士と戦ったのは半数程度だった。母屋の宿直（二十名）以外は、みな別棟の武家長屋で寝ていた。それを知っていた浪士たちは、侵入後ただちに長屋の制圧にとりかかり、次々と長屋の扉にかすがいを打ちつけていった。さらに暗闇で大声をあげて恫喝し、大軍に見せかけた。様子をうかがうため戸を開けようとする者には、矢を放って動きを封じた。それでも表に出てきた者は、容赦なくその場で殺した。このため、長屋の侍の多くはかすがいを打ちつけられたことを幸いに、屋内で息を潜めて戦いが終わるのを待ったという。

ちなみに忠臣蔵のお芝居では、浪士の襲撃時、吉良家の用人・小林平八郎がすさまじい抵抗を見せる。平八郎は雪のなか、女の着物を来て浪士の前に現れ、朱鞘《しゅざや》の大太刀や槍で磯貝十郎左衛門と激闘を演じた。磯貝の危機を見た堀部安兵衛と大石主税《ちから》（大石内蔵助の息子）が助太刀に入るが、それでも小林にかなわず、さらに浪士たちが加勢したことで平八郎はついに力尽きて討ち死にする。

しかし、どうやら事実は大きく異なるようだ。

吉良側から見た史実は、米沢藩士の大熊弥一右衛門有明が国元の舅・大河原忠左衛門に宛てた書簡『大河原文書《おおかわらもんじょ》』に詳しく書かれている。弥一右衛門は討ち入りの数時間後、米沢藩の命で真っ先に吉良邸に駆けつけた一人だ。当時の邸内の様子や吉良侍から聞き取った話を十二月十八日づけで舅に送っている。

大熊弥一右衛門が吉良邸に到着したときに浪士たちの姿はなく、各部屋の戸障子はことごとく破壊されていた。血の海のなか、あちこちに遺体が転がり、負傷者がうめいている状況だった。弥一右衛門は手負いの山吉新八郎らから詳しい事情を聞き取った。浪士たちは約百五十人(実際は四十七名)で、火事だと騒ぎつつ表門と裏門を破って入ってきたという。

弥一右衛門によれば、小林平八郎は長屋から顔を出した際、あっけなく浪士に捕まってしまった。浪士は義央の部屋へ案内するよう恫喝したが、平八郎は「私は下っ端役人ですので、存じ上げません」と返答した。すると浪士は「下役がそんな贅沢な絹の服を着るはずないだろう」と怒り、そのまま首を打ち落としたという。なんとも情けない死に方だ。

ただ、落合与左衛門勝信(浅野長矩の正室阿久里の家臣)が記した『江赤見聞記《こうせきけんもんき》』という日記にも平八郎のことが記されているが、こちらはまったく別の内容が記されている。

『江赤見聞記』は赤穂側から見た記録だが、やはり信憑性が高いとされるものだ。日記には、討ち入りの際に小林平八郎は槍で激しく戦い、よく義央を守ったが、最後は大勢の浪士によって討ち取られたとある。大熊の記録とは大きく矛盾しているが、どちらの記録が事実なのかはよくわからない。

戦う気概を見せた吉良上野介

吉良上野介義央の最期はどのようなものだったのか。忠臣蔵では、隠れていたところを発見され、浪士たちの前に引き据えられる。大石内蔵助は浪士を全員呼び集め、みなの面前で背の疵《きず》を確かめ、義央本人であることを確認し、「お命を頂戴つかまつる」と宣告、第一発見者の間十次郎に首をとらせて終わる。しかし、これは史実とかけ離れている。

義央の最期は『大河原文書』には記されていない。一番詳しいのは、浪士ら当事者たちの記録である。吉田忠左衛門、富森助右衛門、小野寺十内など、浪士数名の手紙や証言が残っているのだ。それらを参考にすると、吉良邸を制圧した後も義央の姿が見えないので、浪士らは天井裏、押し入れ、長持ち、縁下、便所などを懸命に探索したが、それでも見つからない。「すでに屋外に逃亡してしまったのだ」と嘆く浪士もいたが、長老の吉田忠左衛門が再捜査を指示した。

その結果、台所の炭置小屋で人の気配がする。そこで戸を破って暗闇に槍先につけた蝋《ろう》燭《そく》を入れ、矢を射込んだところ、中からいろいろなものが飛んできた。その後、数名の侍が中から飛び出してきた。浪士たちは格闘の末にその場で全員を討ったものの、まだ人の気配がする。間十次郎が槍を突き入れたところ、確かな手ごたえがあった。やがて老人が脇差しを持って躍り出てきた。吉良義央であった。それを武林唯七が斬殺したのである。

そう、最期の場面で吉良義央は、決死の覚悟で大勢の浪士と脇差しひとつで戦おうとしていたのだ。あえなく戦死してしまったが、武士として立派な最期だったと言える。

横たわる老人が身につけている服から、身分の高い人物であることは明らかだった。傷があるかどうか額を調べたが、最初は顔面が血だらけでわからなかった。しかし顔を拭《ぬぐ》うと、額の古疵が確かに現れた。さらに服を脱がして背を確認したところ、やはり傷跡があった。そこで本人だと認定し、内蔵助が間十次郎に首を切り落とさせたのである。こうして吉良邸討ち入りは終わった。

かつての吉良邸は小さな公園に

かつて吉良邸があった場所を訪れてみた。両国駅東口から京葉道路（国道14号線）を渡り、二、三分歩いたところに松坂町公園（地図1－②）という小さい公園がある。ここがかつて

両国三丁目にある吉良邸跡
（本所松坂町公園）

の吉良邸跡だ。といっても、屋敷地は今の両国三丁目の南半分を占めるほどの広大さで、今の公園の敷地はそのうちの北東側の一部分にすぎない。

公園は瓦屋根つきの海鼠塀で囲まれているが、出入りは自由である。入口をくぐると、松坂稲荷という小さな祠《ほこら》がある。討ち入り事件のあと、地鎮《じしず》めのために屋敷内に設けられたといい、さらに昭和十年に松坂町公園が開園されるにあたり、この場所に遷座した。

早朝ということもあってか、園内には誰もいなかった。祠のすぐ右手には、吉良上野介を守るために命を落とした吉良家家臣の名を刻んだ石碑が立つ。先に紹介した小林平八郎の名前も見える。園内を囲む内塀には赤穂浪士の錦絵、吉良邸の見取り図、書簡の複製など、忠臣蔵関係の資料がはめ込まれている。

また、吉良上野介義央の木像がある。これは、吉良家菩提寺の華蔵寺《けぞうじ》（西尾市）に保管されている像のレプリカである。正装をしているが、袖口と笏《しゃく》の朱色が鮮やかである。なんだか神妙な気持ちになってきた。

園内の隅には、植物の葉で隠れるようにして井戸がある。「みしるし洗いの井戸」といい、伝承によるとここで吉良上野介の首を洗ったとされる。中をのぞいてみたが、井戸は今も満々と漆黒の水をたたえていた。洗った首は小袖に包み、槍先にかけたという。

上杉綱憲はなぜ動かなかったのか

討ち入り後の赤穂浪士たちの動きは、どのようなものだったのだろうか。彼らは吉良の首をとってすぐ、屋敷を後にして隣の回向院（地図1－③）に向かった。目的を達成したという喜びはなかったはずだ。父（義央）と息子（義周）の危機を知った米沢藩主上杉綱憲が、必ず援軍に来ると確信していたからだ。そのため、回向院に引きこもって徹底抗戦し、華々しく討ち死にを遂げようと決意を固めていた。

しかし、白刃を握った血まみれの集団に恐れをなした回向院の僧侶たちは、決して門を開こうとはしなかった。仕方なく一行は、回向院に入ることをあきらめた。

現在、回向院の境内に入るには、いったん京葉道路に戻って正門をくぐるしかない。回向院は明暦の大火で亡くなった十万の霊を慰めるために創建された寺で、その後、海難事故や災害、牢死・処刑者、自殺・行き倒れ人、時代が下っては安政の大地震や関東大地震の犠牲者も奉られている。

近代的で立派な鉄門をくぐって奥に入ると、たくさんの供養塔や墓石が境内に並んでいる。戯作者の山東京伝、人形浄瑠璃の竹本義太夫、さらには伝説の鼠小僧の墓もある。鼠小僧の緑灰色の墓石はボロボロに欠けていた。風化したのではない。この墓石のかけらを懐にして賭け事に臨むと大勝する。そんな伝説がいつのころからか生まれ、参拝者が墓を欠いて持っていってしまうのだ。回向院でもこれを了承しているようで、墓石を叩く石が用意されていた。墓石はすでに数代目になるという。

回向院に拒まれた浪士たちは、その足で隅田川にかかる両国橋へ向かい、たもとの東詰広場で臨戦態勢を敷いた。橋は現在三車線の道路で、車がひっきりなしに轟音を立てて行き来している。両国橋は武蔵と下総の二国を結ぶことからその名がついた。明暦の大火の当時は橋がなかったため、多くの犠牲者が出た。そのため、大火後にこの橋を架けることになったのだ。

周囲は明るくなり始めているが、一向に上杉軍が来る気配はない。大石内蔵助は、「もしかしたら来ないのではないか。あるいは、準備に手間どっているのかもしれない。ならばそのすきに、亡君のもとに吉良の首をささげ、仇討ちの成功を報告したい」と考え、浅野家の菩提寺である泉岳寺（地図1－④）へ向かうことにした。

それにしても、なぜ上杉綱憲は救援に出向かなかったのだろうか。

日比谷桜田の米沢藩邸（上屋敷）に討ち入りの一報を知らせたのは、吉良邸そばの豆腐屋だったという。午前五時ごろ、豆腐屋が「百五十人が邸内に討ち入った」と伝えたのだ。その後、吉良家の侍たちが続々と上杉家に事態を急報してきた。綱憲は病をわずらっていたが、ただちに支度を整え、藩士たちに出撃を命じた。

ところがそこに、高家の畠山義寧《よしやす》が老中の稲葉正通の命を伝えてきた。「事を大きくしたくない。兵を差し向けるな」というものだった。

もし上杉軍が出陣して浪士を殲滅すれば、長矩の本家である芸州浅野家も動く。そうなれば、江戸で大戦争が勃発するかもしれない。幕閣はそれを危惧したようだ。

最終的に綱憲は、兵を動かすことを断念した。

往時に思いを馳せつつ下町歩き

吉良邸から泉岳寺まではおよそ十キロの道のりだ。今回は、そのルートを実際に歩いてみようと思う。両国橋を渡って泉岳寺へ向かうのが順当なルートだが、浪士たちは渡河せず隅田川を右手に見ながら岸づたいに南下した。当日は諸大名の江戸登城日で、大名行列とかち合えば悶着は避けられないため、このルートを選択したのだと言われている。

尾上町と元町（現、両国一丁目と二丁目）の間を通って、竪川《たてかわ》を一ッ目之橋で渡る。この橋は、現在は一之橋（地図1－⑤）と名を変え、小さなコンクリート橋として存在している。橋を渡って南下する。この道を万年橋通りと呼ぶが、かつては御船蔵裏通りといった（道路の位置は当時とは少し異なる）。

一之橋をすぎてからは、ひたすらまっすぐ進む。浪士たちは常に隊列を組んで整然と行進していたわけではない。人々に接待されたり休憩したり、あるいは個別に列を抜け出して友人に会ったりと、かなり自由に動いている。とはいえ、上杉軍がいつ襲撃してくるかわからないなかで、緊張しつつ足早に進んでいったはずだ。

やがて小名木川にかかる万年橋（地図1－⑥）が見えてくる。現在の橋は昭和五年（一九三〇）に完成したものだが、延宝八年（一六八〇）の古地図にも橋が記載されており、浪士たちも万年橋は目にしたことだろう。有名な葛飾北斎の『富嶽三十六景』の一枚に「深川万年橋下」があり、橋は鮮やかな曲線美を見せている。

橋を渡って直進すれば清澄庭園（地図1－⑦）に着く。討ち入りの当時、みかん船で有名な紀伊国屋文左衛門が住んでいた。ただ浪士一行は文左衛門の屋敷前は通過していない。万年橋を渡るとすぐに左折し、隅田川づたいに進んだらしい。今の佐賀町河岸通りである。

上ノ橋を渡って佐賀町（現、江東区佐賀）へ入る。左手に続く工業地帯が住宅街に変わるころ、佐賀町も終わりに近づき、右遠方に永代橋が見えてくる。当時の永代橋は現在より心持ち両国橋寄りにかかっていた。

その渡り口には赤穂義士休息の石碑（地図1－⑧）がある。近くで竹口作兵衛木浄という商人が乳熊屋《ちくまや》という味噌店を経営していた。一行が永代橋を渡ろうとした折、この作兵衛が浪士らを店内に招き入れて甘酒をふるまったと伝えられる。

小名木川にかかる万年橋（萬年橋）

堀部安兵衛はこのあたりで一行と別れ、富岡八幡町へ向かった。親友の儒学者・細井広沢に討ち入りの成功を告げるためだ。細井に報告を終えた安兵衛はとって返し、再び行列に加わった。

泉岳寺へ向かって南下を続ける

永代橋を渡ってすぐ左脇（西詰）に船員教育発祥之地の石碑（地図1－⑨）がある。明治八年（一八七五）、新政府は岩崎弥太郎に商船学校を開設させた。ただ、学校といっても成妙丸という船を係留して校舎とし、生徒を寝起きさせて教育を行っていた。

この石碑を左折して、霊岸島町（現、中央区新川地区）を縦に貫く道路を進む。浪士たちはさらに新川を一ノ橋から渡り、川口町（現、新川二丁目）をすぎて亀島川に突き当たると左に折れ、高橋と呼ばれる橋で川を渡り、左折して稲荷橋を越えたと思われる。

新川は万治三年（一六六〇）、河村瑞賢によって開削された壕で、川沿いには酒問屋の酒蔵がずらりと並んでいた。稲荷橋は現存せず、小さな石碑が歩道に寂しく立っている。その石碑から五十メートルほど進んだところに鉄砲洲稲荷神社（地図1－⑩）が鎮座する。江戸時代を通じて一帯は港町として栄え、江戸の町で消費する米や雑穀、薪や炭が大量に陸揚げされ、大変な賑わいを呈していた。港の朝は早い。おそらく多くの船乗りたちが歩みを進める浪士の姿を目にしたことだろう。

神社をすぎたあたりで、浪士たちは菱屋三十郎に声をかけられている。長年、浅野家に出入りしていた豆腐屋の主人で、菱屋は全員に湯漬けを振る舞ったと言われる。

鉄砲洲稲荷神社の通りを五、六百メートル先に進むと、ベージュ色をした巨大な建物が現れる。聖路加国際病院（地図1－⑪）だ。病院から聖路加看護大学にかけての一帯は浅野家の上屋敷があったところで、現在も高さ二メートルほどの記念石塔が立つ。その隣に芥川龍之介生誕地碑があり、芥川が『或日の大石内蔵助』を執筆した理由が理解できた。

きっと浪士たちも、万感の思いで旧浅野邸前を通りすぎたことだろう。

たった一基、築地本願寺にある赤穂浪士の墓

さて、この先のルートがいまいちよくわからない。

木挽町《こびきちょう》(現在の銀座四、五丁目)から汐留橋を渡ったというが、木挽町にはどのルートを辿っていったのか。明石町の浅野屋敷(聖路加国際病院)の角をすぐに西上して築地川を渡り、さらに上って木挽町へ入ったのか。あるいは、屋敷前をまっすぐ進み、南小田原町(現在の築地六、七丁目)あたりから西上して築地本願寺の前を通り、二ノ橋を渡って木挽町に入ったのか。

とりあえず私はまっすぐ進み、築地本願寺(地図1-⑫)の脇を通る晴海通りから右へ折れるルートを選んだ。

江戸時代には、現在の晴海通り沿いに築地本願寺の正門があった。今はかつての裏門(新大橋通り沿い)が正門になり、ここからでなければ境内に入ることができない。

元和三年(一六一七)に創建された築地本願寺

寄り道になるが、晴海通りを右折して新大橋通りから築地本願寺の門をくぐった。ここに赤穂浪士・間新六郎の墓があるからだ。

広大な境内にはイスラム教のモスクとギリシャ神殿を融合したような、壮麗な本堂が鎮座する。この建物は帝国大学教授の伊東忠太博士が設計し、昭和九年（一九三四）に落成したもので、自由に出入りができる。堂内は広大で、内陣に向かって多くの椅子が整然と並び、奥には本尊の阿弥陀如来が安置されている。

間新六郎の墓は境内を入って左手の奥にある。新六郎は、父と兄と討ち入りに参加した、二十三歳の青年であった。切腹の際、形式的に短刀を腹部に当てるだけで首を落とされるのを嫌い、本当に横一文字に深々と腹を切り裂いた。

墓石は泉岳寺にもあるが、遺体は姉婿の中堂又助がここに手厚く葬った。なぜ新六郎だけが別の寺院に埋葬されたのかは不明だが、一説には、泉岳寺へ向かう途中、自身の供養を願って槍に書状と金子《きんす》をくくりつけ、寺内に投げ入れたからだという。それが本当なら、浪士一行はやはり築地本願寺の脇道（現、晴海通り）を通過したことになる。

当初の墓石は天保五年（一八三四）に焼失してしまい、その後再建された。

高層ビルが林立する旧仙台藩上屋敷周辺

晴海通りへ戻り銀座方面へ向かうと、やがて右手に瓦屋根の純和風な建物が現れる。歌舞伎座（地図1－⑬）である。歌舞伎座の開場は明治二十二年（一八八九）だが、数えきれないほどの仮名手本忠臣蔵が上演された。浪士たちも、まさか自分たちが歌舞伎のヒーローとして語り継がれるとは夢にも思っていなかったはずだ。ただ、浪士たちが歌舞伎座のあたりを凝視した可能性は高い。このあたりに浅野長矩の弟・大学が住んでいたからだ。

前述した通り、内蔵助は大学を奉じて浅野家再興に力を尽くしたが、結果は失敗に終わり、大学は芸州浅野家にお預け処分となった。すでに大学は屋敷を引き払っていたが、それでも内蔵助にとっては感慨深いものがあったろう。

晴海通りが昭和通りと交差するところで左折し、新橋方面へ進んでいく。かつてこの下には大きな濠があり、それを昭和のときに埋め立てて道路にした。おそらく浪士たちは、もう少し手前の道を濠と平行して歩いていっ

現在の歌舞伎座は平成二十五年（二〇一三）に再建されたもの

たはずだ。

その昔、ここは木挽町といった。今日は日曜日ということもあって買い物や遊びにきた人たちであふれていたが、数百メートルも進むとみるみる人の数は減り、目の前に首都高が見えてくる。

赤穂浪士は汐留橋（現在は埋め立てで消滅）を渡り、仙台藩上屋敷（地図1-⑭）の前を通過したが、仙台藩士らに呼び止められ粥をふるまわれたという。現在、上屋敷跡には汐留タワーや日本テレビが入るビルがあり、仙台藩邸だったことを明記する案内板が立っている。

内蔵助は汐留橋のあたりで愛宕下《あたごした》に屋敷をかまえる大目付仙石久尚のもとに吉田忠左衛門と富森助右衛門を遣わし、討ち入りの顛末を報告させた。

新橋から泉岳寺までは一本道である。現在の国道15号線に沿って芝口町の仙台藩上屋敷から源助町、露月町、柴井町、宇田川町（それぞれ現在の新橋五丁目、六丁目、芝大門一丁目あたり）へと進み、昔の神明町、現在の浜松町一丁目、二丁目、三丁目まで行き金杉橋（地図⑮）を渡る。橋を越えれば泉岳寺まで約二キロだ。芝二丁目、四丁目のJR田町駅のあたりは、往時は本芝町といって左手には砂浜が続いていた。赤穂浪士の何人かは、朝日にまぶしく光る銀色の海を見て、しばしの安らぎを得たのではないだろうか。

厳重に警備される赤穂浪士たち

浅野長矩と赤穂浪士たちが葬られている泉岳寺

泉岳寺という標識がある交差点を右に折れると、遠くに泉岳寺の門が見える。

時計を見ると、吉良邸を出てから五時間近くが経過していた。歩ききった満足感が込み上げてきた。

緩い坂を上がり泉岳寺の門をくぐると、右手に数軒、土産物店が軒を並べている。店内には義士の人形、姿絵、お菓子、茶碗など、忠臣蔵の世界が凝縮されていた。

土産店が途切れた右側の広場に大石内蔵助の巨大な銅像が立っている。ずんぐりとした背の低い男の像で、温和な表情をしている。この人のどこに五十人近くの人間を魅了し、死地に赴《おもむ》かせるカリスマ性があったのかと不思議に感じる。

「泉岳寺」と白字で大書された扁額のかかる山門を潜《くぐ》ると、左手に「義士の墓」という矢印がある。階段を上り、墓所に入る手前に「首洗い井戸」がある。浪士たちはこ

泉岳寺にある大石内蔵助の銅像。
忠臣蔵に出てくる連判状を手にしている

こで再び義央の首を洗い、亡き主君長矩の墓前に供え、討ち入りの成功を報告した。

その後、浪士たちは寺の客殿や衆寮《しゅりょう》に案内され、粥や茶の接待を受けた。風呂もすすめられたが、上杉軍の来襲を警戒して入浴しなかった。だが疲れきった彼らは、寺に入って安堵したのか、武装したまま眠ってしまったという。その間、泉岳寺の諸門は固く閉ざされ、敵の襲撃に備えて寺僧が境内を巡回して警備にあたった。

この十二月十五日夕刻、大石内蔵助を含む四十六人の浪士は大目付と共に仙石伯耆守邸に連行され、夜中、四つの集団に分けられて大名家に預けられた。浪士引き取りの際、仙石伯耆守は米沢藩邸に高家の畠山義寧を派遣し、「赤穂の浪士たちを所々に預ける。屋敷前を通ることもあろうが、家臣らが手向かいせぬように」と警告を発した。また浪士を預かる四大名家は、合わせてなんと千四百名を仙石邸に派遣した。上杉家が襲撃してくる可能性を考えたのだろう。

だが、先の大熊弥一右衛門の手紙『大河原文書』を見ると、米沢藩士たちにはその気がまったくなかったことがわかる。この十五日から上杉家は吉良邸に家臣を派遣して昼夜交代で警備させたが、弥一右衛門もその一人だった。

彼は舅の大河原忠左衛門への書簡に「とにかくまったく暇がなく、眠くて仕方がありません。夜、また赤穂浪士の残党が押し込んでくるという話があるが、まったく馬鹿馬鹿しいことです。手負いの者が多くいる血だらけの場所で、汁もなくまずい黒米を食べています。いつまで本所の吉良邸に通い詰めなくてはならないのでしょう。本当に面倒なことです。今日も夜番として本所へ行かなくてはなりません」と愚痴をこぼしている。

戦意がないことがよくわかる。

法治と忠義のせめぎ合い

十二月十五日朝（討ち入りの数時間後）、吉良家は老中に対し、浅野旧臣の襲撃を受けて十四、五名が亡くなった事実を届け出ている。そこで幕府は目付を吉良邸へ派遣するとともに、ただちに幕閣会議が開かれた。

重傷を負った吉良左兵衛義周は十六日に上杉邸へ引き取られ、義央の首も吉良家の菩提寺である萬昌院功運寺（現、東京中野区）が泉岳寺に返却を求めたところ、当日、吉良邸に戻ってきた。義央を治療した栗崎道有が胴体と縫い合わせてつなげ、同寺に埋葬した。

さて、討ち入り事件に対する幕府の対応はどのようなものだったのか。

老中たちの会議では、幕府の裁定に納得せず、徒党を組んで吉良邸を襲い義央を殺害した浪士を打ち首にする方向で決まった。

ところが討ち入りから九日後、評定所が老中に「存じ寄り書」を提出した。評定所とは、老中を筆頭に大目付、寺社奉行、町奉行、勘定奉行などの幕府の重職で構成される最高決定機関だ。意見書は浪士たちに極めて寛大だった。以下、意訳して紹介する。

「吉良左兵衛義周は、死んでも親の上野介義央を守るべきなのに逃げて生きのびた。これは許せない。切腹にすべきだ。吉良の家来で浪士と戦わなかった者は斬罪、負傷者は親類縁者にお預け、小者・中間は追放すべき。義央の息子で米沢藩主の上杉綱憲は、浪士が泉岳寺にいるのを知りながら、報復せず傍観した。ゆえに上杉家は改易が妥当。赤穂浪士が吉良の命を奪ったのは忠義の思いからである。武家諸法度の文武忠孝を体現した行為だ。大勢で武装して襲撃したのは、そうしなければ本意を遂げられなかったので仕方のないこと。浪士らの処罰に関しては、しばらくお預けのままとし、もう少し時間が経ってから処分を決めるのがよい」

さらに、庶民は評定所以上に浪士に同情的で、その行動に喝采した。

ちょうど生類憐み令が庶民に息苦しさを与えていた時期だったので、幕府の裁定に逆らうこの討ち入り事件は一服の清涼剤のようなものだった。

ただし、これだけでは幕府の最大実力者(大老格)である柳沢吉保は動じなかったはずだ。吉保を悩ませたのは、将軍綱吉が浪士の行動を褒めたことだった。綱吉は朱子学を信奉し、武家諸法度の第一条が「文武弓馬の道、専ら相嗜むべき事」だったのを、「文武忠孝を励まし、礼儀を正すべき事」に変えたほどだった。浪士たちの行動は、まさに「忠孝」を体現したものと喜んだのである。

吉保は浪士を打ち首にする方針だったが、このため無碍《むげ》に殺すことができなくなった。とはいえ、将軍の機嫌をそこねることを危惧して浪士を放免すれば、幕府の権威は失墜する。どうすれば将軍を納得させ、公儀に抗った浪士を処分することができるのか。悩んだすえ、吉保はお抱え儒者の荻生徂徠に相談した。

すると徂徠は意見書(擬律書)を提出した。そこには、「赤穂浪士が亡き主君のために仇を討ったのは、武士として恥を知る行為であり、義挙といえる。しかし、それは浅野侯と旧臣間の狭い倫理。私的な行為である。浅野が殿中で刃傷沙汰を起こしたから公儀に処罰されたのに、吉良を仇とみなし、公儀の許可もなく騒動を起こしたのは法に照らして許されない行為だ。私論をもって公論を害することがあれば、今後、天下の法は立ちゆかなくなる。ただ、そうはいっても浪士の行動は忠義からきたもの。よって武士の礼をもって切腹とするのが妥当だと考える」とあった。

この案に喜んだ吉保は、綱吉の同意をとりつけ、浪士たちに死を賜ったと言われる。

幕府中枢は浪士を厳しく断罪

ただ、実際の赤穂浪士に対する幕府の判決文には、かなり厳しいことが書かれている。意訳して紹介しよう。

「浅野内匠頭長矩に勅使の饗応を任せたところ、殿中を憚らず不届きな刃傷行為をなした。このため幕府はお仕置き（切腹）を申しつけ、吉良上野介義央についてはお構いなしと裁定した。それにもかかわらず、主人の仇だと申し立て四十六人で徒党を組んで吉良邸へ押し込み、飛び道具を持参して義央を討ち取ったのは、公儀を恐れない不遜な行為である。よって、切腹を申しつける」

このように、幕府は浪士の行為を義挙とはせず、幕府の裁定に逆らった不遜な行動だと認定したのである。ただし処罰を打首獄門ではなく、「切腹」としたところに将軍綱吉への忖度が見てとれる。

なお、浪士の行動に一定の理解を示す擬律書を記した荻生徂徠は、後日、自分の行いを後悔したようだ。この意見はあくまで主君吉保の葛藤を解決する目的で記したもの。徂徠の本心はまったく異なっていた。そのため、徂徠は二年後にあらためて「論四十七士事」を記し、そのなかで「浪士たちは亡君の邪志を継いだ行為であり、不義である」と明言している。別の著書（『政談』）でも、「仇討ちは政《まつりごと》にとって有害だ」と記した。

一方で、ほとんどすべての学者は赤穂浪士の行為を忠義だと讃え、それに反発したのは荻生徂徠や太宰春台などのごく一部に限られていた。そんななか、赤穂浪士の討ち入りを激しく非難した学者が崎門派（山崎闇斎の弟子）の三傑とうたわれた佐藤直方である。

直方は「四十六人之筆記」を記したが、そこには次のように書かれている。

「庶民が浪士を義士扱いするのは無知だから仕方ない。が、学者がそれに雷同して忠義と褒め称えるのはとんでもない。彼らの言葉がいかに衆人を惑わしているか。まったく悲しむべきことだ。そもそも吉良は、浅野を殺害したわけではないから浪士の讐《かたき》ではない。浅野が私怨で吉良を討とうとしたのだ。それに吉良を討つなら職責を果たしてからにすればよかろうに、大切な儀式のさなかに卑怯にも背後から襲い、なおかつ仕留められずに終わるなどまったくの腰抜けだ。切腹のうえ改易は当然の処置である。そんな腰抜け主君のために吉良を殺した浪士もみな大罪人だ。それでも討ち入りのあと、公儀に背いた責任を負って泉岳寺で自裁したなら、その志は憐れんでよかった。ところが浪士は、自害するどころか『すべて公儀にお任せします。私たちは公儀を第一に考えています』と自首した。情にすがって死を免れ、うまくすれば禄を得ようとする魂胆だ。法を破ったのだから処分を待つまでもないだろう。すぐに死ねばよかったのだ。きっと奴らの所業は忠義より出たのではない。藩を潰され失業した怒りからこの挙に及んだのだ」

驚くべき激しさで筆誅を加えていることがわかる。

〝空気〟に翻弄された吉良義周の悲運

幕府の判決は元禄十六年（一七〇三）二月四日に浪士たちへ伝えられ、その日のうちに全員が切腹となった。実際には腹は切らず、三方に乗せた短刀をとろうと首を伸ばしたところを、介錯人が斬首するという方法がとられた。

同じ日、吉良左兵衛義周は幕府の評定所に呼び出され、大目付の仙石伯耆守から次のように申し渡された。

「浅野内匠頭家来共、上野介を討ち候節、その方、仕方不届きにつき、領地召し上げられ、諏訪安芸守へ御預け仰せ付くるものなり」

なんと、浪士が討ち入ったときの義周の対応がまずかったという理由で吉良家は改易され、義周は信濃高島城主・諏訪安芸守にお預け処分となったのである。

驚くべき過酷な処分だ。当時、義周はまだ十七歳。今で言えば高校一年生くらいだ。そんな少年が、武装して大軍で襲ってきた浪士たちに対して、果敢にも長刀で立ち向かったのである。討ち入り当日の義周の行動は極めて立派なものだった。

実際は浪士の方が手練れであり、義周は武林唯七（不破数右衛門だとも）に斬られ、右肩に深手を負い、目に血が入ってその場に卒倒してしまう。気づいたとき、浪士は去ったあとだった。とはいえ、武士にあるまじきどころか、武士たるにふさわしい行動だった。

だが、吉良家を改易にしなければ、忠孝好きの将軍綱吉、判官贔屓の民衆が納得しなかったのだろう。つまり、幕閣は将軍と世論に迎合したのである。

それから一週間後の二月十一日、義周は囚人駕籠に乗せられて江戸を出立し、信濃国高島に向かった。警備が五十名つくという物々しさだった。討ち入りの際に負傷した額や腕、肩はまだ治療中だった。家臣としてつき添うことが許されたのは、左右田《そうだ》孫兵衛と赤穂浪士と死闘を演じた山吉新八郎の二人だけだ。

高島の地では一室に幽閉され、ひと月近くも衣服の洗濯を許されず、月代《さかやき》を剃り上げることも不可とされた。自裁の可能性があるからだ。このため伸びた髭などはハサミで切ったという。なんともみじめな処遇である。

ただ、のちに待遇は改善され、高島城主も何度か義周のもとに見舞いに訪れるようになり、帷子の使用や手紙のやりとりも許可されるようになった。

翌年六月、米沢藩主だった実父の綱憲が四十二歳の若さで病没し、さらに八月には祖母の富子も六十二歳で没した。親族の相次ぐ死に力を落としたのか、このころから義周はたびたび体調を崩すようなった。疱瘡《ほうそう》に罹患したようで、頻繁に発熱を繰り返しては体中がむくんで衰弱していった。持病の疝気《せんき》（下腹部が痛む症状）もひどくなってしまう。こうして配流から三年後の宝永三年（一七〇六）一月、義周は亡くなってしまった。まだ二十一歳であった。

罪人ということもあり、遺体は埋葬されず塩漬けにされ、幕府の検死を待った。検死役人は遺体を確認したあと、義周の遺骸を葬らず「取り捨て」にせよと命じた。義周自身には罪がないのに、なんともむごい指示である。

ただ、遺体は遺臣たちの願いで土葬が許された。こうして義周は諏訪の法華寺に埋葬されたが、幕府に遠慮したのか自然石の墓石が立てられた。

「地元では名君だった」説の真偽

今回、吉良家からの視点で元禄赤穂事件を見てきた。あくまで個人的な感想を言えば、浅野内匠頭長矩は妄想による恨みを募らせた結果、発作的に刀を抜いて吉良上野介義央に襲いかかった可能性が高いと考える。殿中で刀を抜けばどうなるかとか、義央を確実に仕留めようなどということは頭にない、いわゆる心神耗弱《しんしんこうじゃく》状態だったように思える。もしそうだとすると、刃傷沙汰は義央にとって、とんだとばっちりだったわけだ。

義央はいきなり襲われてひどい怪我を負ったうえ、人々に悪人だと噂を立てられ、屋敷替や隠退を強要された。さらに、幕府が長矩に「遺恨があった」との証言をさせてしまったため、逆恨みから屋敷に集団で乱入してきた浪士に殺害されたうえ、首を奪われてしまったのである。これを悲劇と言わずに、なんと言えばいいのだろうか。

二〇二三年十二月十四日、私は早朝六時に家を出て七時すぎの新幹線で三河安城駅へ向かった。駅には西尾市役所の方が迎えに来てくださった。西尾市で講演会をすることになっていたのだ。テーマは「吉良側から見た元禄赤穂事件」。江戸城や両国の吉良邸、赤穂浪士のルートを巡ったのは、実は講演会の下調べのためだった。

西尾市は二〇一一年、愛知県幡豆《はず》郡吉良町を編入合併した。そう、ここは吉良氏が代々支配してきた領地であった。吉良町のおよそ半分が吉良領だったのだ。

地元で吉良上野介義央は名君と伝えられ、お国入りしたとき赤毛の駄馬にまたがって領内を巡視し、親しく農民たちと交わったという。また、農民が洪水に悩んでいることを知るや、黄金堤という堤防をつくって水害から救い、さらに寺島用水、雑田川排水路を開削して農業を助け、一千石という大規模な新田開発（富好新田）や塩田開発を行って領内を豊かにしたと伝えられる。今もこの黄金堤は現存する。三つの河川が合流するこの場所に堤防がつくられたことで、洪水が減ったのは間違いないそうだ。堤防のすそには、赤馬に乗った義央の銅像が置かれていた。

ただ、こうした義央の国元での功績はあくまで伝承であり、一次史料（当時の手紙や日記など）で確認されたものではない。お国入りについても、生涯にたった一度だけだったという（二度という可能性もあるそうだ）。

肩身の狭い思いをしてきた吉良町の人々

それでも、旧吉良町の人々が義央を名君と言いたかった気持ちは痛いほどよくわかる。赤穂浪士の討ち入り事件が起こると、世人は浪士の行為は忠義を尽くした結果だと讃え、ひと月も経たないうちに芝居になった。その後もたびたび吉良邸討ち入りは歌舞伎や浄瑠璃の題材となり、事件から半世紀後、人形浄瑠璃の仮名手本忠臣蔵が演目として成立する。これは浄瑠璃のみならず、歌舞伎の世界でも大人気の演目となり、すっかり人々の間に定着した。江戸時代が終わってからも明治、大正、昭和と、忠臣蔵の物語は日本人の心を魅了し続けた。これにより、吉良上野介義央は悪人の代名詞のようになってしまった。

それがゆえに、三州吉良者（三河国吉良の出身）とわかると、「悪人吉良上野介の故郷（実際は江戸鍛冶屋橋の邸内で生まれた）ですね」とさげすまれ、嫌な思いをする方も多かったはずだ。

私は東京都町田市の生まれだが、山梨県人から何度か嫌みを言われた経験がある。武田勝頼を土壇場で裏切り、死に追いやったのが郡内（現、山梨県都留郡）の小山田信茂であり、小山田氏発祥の地が今の町田市だという伝承があるからだ。ただ、郡内の小山田氏と町田市の小山田氏のつながりは学術的に証明されていないし、小山田信茂が裏切った時点で、すでに甲斐国中の武田家臣たちは勝頼を見限っていた。だから私は、「小山田氏は最後まで悩みに悩んで勝頼から離れたが、あなたがたの先祖はとっとと主君を見限って織田方についた卑怯者ではないか」と言い返すことにしている。

なんとも馬鹿馬鹿しいことだが、小山田信茂よりずっと有名な義央ゆえ、吉良町の人々は三百年以上に渡って肩身の狭い思いをしてきたことは間違いないだろう。

今回あらためて赤穂事件を調査してわかったのは、義央という人が悪人であった確証はなく、むしろ極めて優れた役人であったということだ。それとともに、状況から言って私は彼が運の悪い被害者だという印象を抱いた。

在りし日の騒動も今は昔

講演会は午前十一時という早めの開始時間にもかかわらず、会場の横須賀ふれあいセンター（吉良町）には多くの人が集まっていた。私は史実に基づいて元禄赤穂事件を語りながら、率直に自分が思ったことを語った。後日、担当者からとても好評だったと聞いた。

講演会終了後、主催者が吉良家の菩提寺である華蔵寺へ連れて行ってくれた。吉良義央の曾祖父である義定が吉良家を再興した際、父義安の菩提を弔うために建てた寺だ。毎年、義央の命日には「吉良公毎歳忌」が行われ、当年でなんと三百二十一回忌だという。

立派な薬医門をくぐると、目の前に驚くような急傾斜の石段がある。そこを上がらず右手にある緩いカーブの回り道から本堂へ向かった。今日は吉良公毎歳忌ということもあり、地元の方が大勢お参りに来ていた。境内には義央が奉納した梵鐘《ぼんしょう》がある。

今回は講演をしたこともあり、関係者ということで特別に本堂の中に入れていただいた。堂内のガラス窓越しに見事な庭園を見ることができる。元禄時代あたりに作庭された枯山水庭園で、亀島と鶴島が配され、苔の緑が大変鮮やかだった。そんな名庭を眺めながら、昼食に精進料理をいただいた。輪切りにした大根の煮つけ、茶飯、椎茸の煮物という質素な品々だったが、お世辞抜きで大根が美味で、思わずおかわりしてしまった。この煮物は、ご住職が自らつくったものだそうだ。

堂内には吉良義央の書簡が飾られている。墨の太さを意図的に変えた不思議な崩し字だったが、とても読みやすく、当人の頭のよさが伝わってきた。

食後、境内にある吉良家の墓所に案内していただいた。墓域には、苔むした宝篋印塔《ほうきょういんとう》、五輪塔が林立しており、吉良氏の歴史の古さが感じられる。もちろん、義央と義周の墓もあった。墓所のすぐ外には義周の供養塔（十三重の石塔）がそびえ立つ。これは戦後、吉良家と縁のある千葉県の方によって寄贈されたものだという。脇の石碑には次のような文章が刻まれていた。

「公よ忍べ　ただひたすらに忍べよかし、公の隠忍は知る人のみの知る真の強さなればなり」

将軍と世論への忖度により、幕府に改易された吉良義周の無念の思いをくみ取った一文で、思わず胸が熱くなってしまった。

墓所に隣接して御影堂がある。ここには吉良家十三代義安、十四代義定、そして十七代義央の木像が安置されている。いつもは扉が閉ざされているが、吉良公毎歳忌ということもあり、特別に公開されていた。義央の木像は、元禄三年に五十歳だった当時の姿をそのまま刻んだと言われ、衣冠束帯という正装で座していた。

両国の吉良邸でレプリカを見ていたものの、あらためて本物を前にすると感慨深い気持ちになる。江戸時代の錦絵では憎々しい姿で描かれている義央だが、木像はつぶらな瞳でとても穏やかな表情をしている。悪人とはほど遠い姿であり、思わず手を合わせた。

以前は、十二月になるとどのテレビ局もここぞとばかりに忠臣蔵の映画やドラマを放映してきた。だがここ数年、地上波ではすっかり見かけなくなってしまった。高齢者に人気のあるBS局ではいまだに特集が組まれているものの、若者をターゲットにする地上波では忠臣蔵を放映しても視聴率がとれないのだろう。若者の多くは忠臣蔵のあらすじすら知らないと思われるし、いじめ、悲恋、忠義、友情などが盛り込まれたストーリーも、あまり日本人の心に響かなくなってきているのだと思う。

近い将来、吉良上野介義央が悪人だという話は消えてなくなるだろう。長い時間がかかったが、ようやく吉良義央・義周父子の鎮魂が実現するのである。

プラン（四）

名君たちが残した
〝技術立国日本〟の礎を辿る
九州（長崎、佐賀、鹿児島）の旅

九州全図

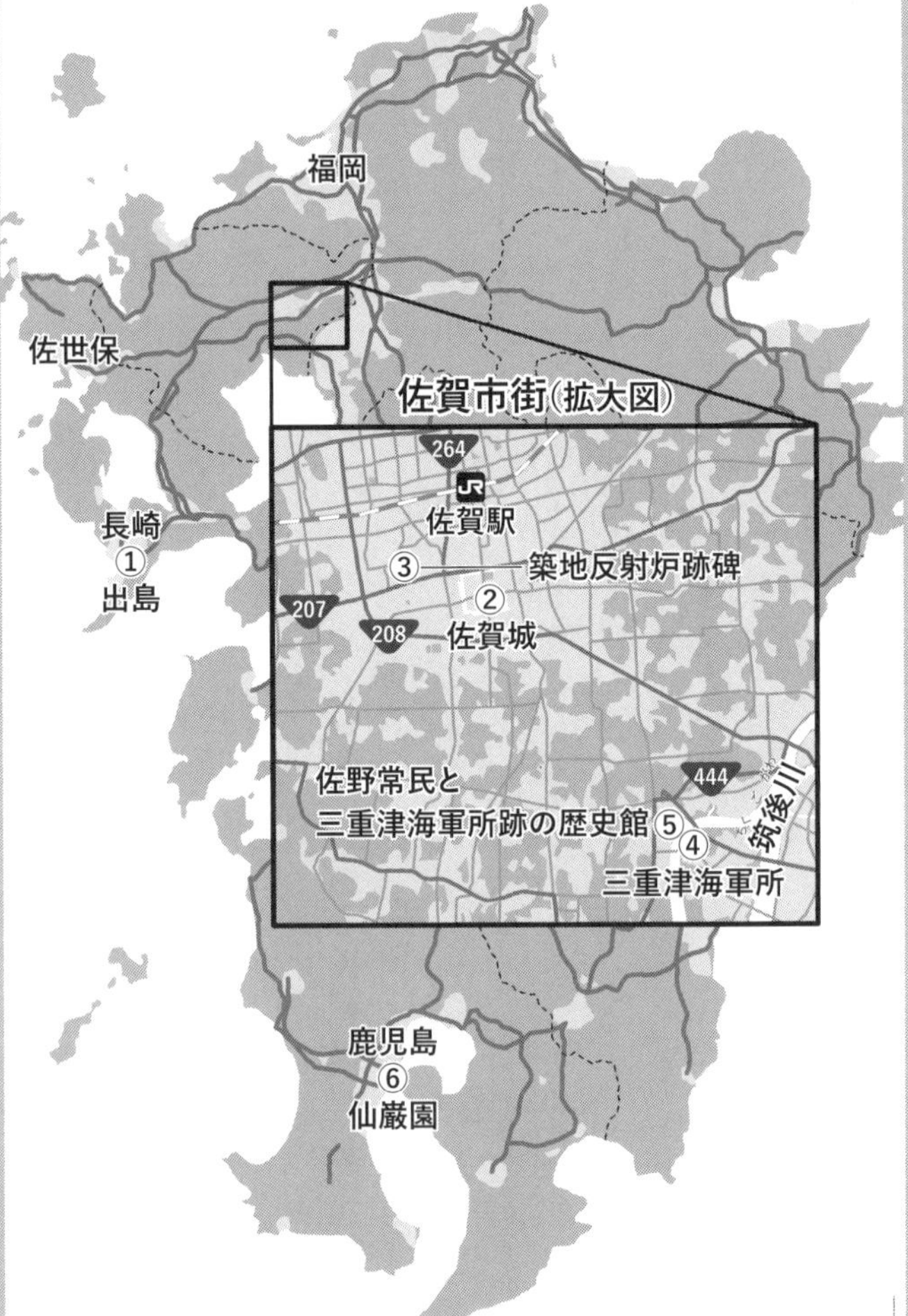
福岡
佐世保
長崎
①
出島
佐賀市街(拡大図)
264
佐賀駅
③
築地反射炉跡碑
②
207
208
佐賀城
444
佐野常民と
三重津海軍所跡の歴史館⑤
④
三重津海軍所
筑後川
鹿児島
⑥
仙巌園

唯一の国際港があった長崎

二〇二三年七月半ば、テレビのロケに向かうため朝六時に羽田空港へやってきた。最近は空港の使用者も増え、チェックインに時間がかかることもあるため早めの集合になった。

目的地は長崎市街で、二〇一五年以来八年ぶりだ。前回もテレビのロケだったが、このときは坂本龍馬の亀山社中やグラバー邸を日帰りで巡るという強行軍だった。

今回は、幕末日本のスゴさをあらためて知るというテーマの旅である。

幕末、わが国は他のアジア諸国とは違い、列強諸国の植民地となることなく独立を保つことができた。そして明治時代に入ると、短期間に近代化を遂げて世界の強国へと駆け上がった。なぜそんなことが可能だったのか、幕末に遡ってその真相に迫ってみようと思う。

まずは江戸時代、唯一の国際港として栄えていた長崎を巡り、続いて幕末にもっとも科学技術が進んでいた佐賀藩（佐賀県）、さらに幕府を倒した薩摩藩（鹿児島県）に向かう。

幕府が国際港として公認していた長崎の町は、今でもあちこちに異国情緒が残り、祭りや風習、風俗にも海外の影響が見られる。

戦国時代、種子島にポルトガル人が来航し、九州各所で戦国大名たちが南蛮貿易を始めた。やがてスペイン、イギリスやオランダの商人も貿易に加わるが、元和二年（一六一六）、江戸幕府は中国人以外の外国人の貿易港を平戸と長崎に限定した。

寛永十一年（一六三四）、キリスト教の布教を厳しく禁じていた幕府は、カトリック国のポルトガル商人を隔離して管理するため、長崎港に人工の島をつくり始めた。二年後に完成したのが有名な出島（地図①）だ。この島が扇形であることは多くの人が知っているが、日本で最初に構築された本格的な人工島だとはあまり知られていない。

面積はおよそ一万五千平方メートル、東京ドームの三分の一程度とさして広くはないが、島内には住居や蔵など五十棟近い建物がつくられた。洋風建築を建てることを幕府が許可しなかったため、建築方式はいずれも和風であった。

ただし、後にオランダ人が海外からペンキを持ち込んで色を塗ったり、窓にガラスをはめ込んだりして、見た目は多少洋風に改造されていった。

長崎空港から出島までは高速リムジンバスが便利だ。四十分ちょっとで長崎駅前に着く。そこでいったんホテルに荷物を預け、長崎駅前で路面電車に乗ると五分ほどで出島駅に着く。歩けない距離ではないが、やはり長崎に来たら路面電車からの風景を楽しみたい。

当初、出島にいたのはポルトガル人だった

私が出島を訪れるのは十二年ぶりのことになる。最初に来たのは昭和六十三年（一九八八）、

平成二十九年（二〇一七）、出島と長崎の町をつなぐ
表門橋が完成した

大学四年生のときだ。出島は大正十一年（一九二二）に史跡指定されていたが、当時はまだ小さな公園のなかにミニチュアの出島と跡地の碑があるだけだった。周囲も普通の住宅地だったので、なんだか拍子抜けしたことを覚えている。

その後、表門から順次建物が復元され、前回来たときにはかなり復元が進んでいた記憶がある。それが今回は十数棟の建物がずらりと並び、江戸時代にタイムスリップしたような町並みに変貌していて大変驚いた。

大きな橋を渡り、表門から出島に入っていこう。

門の左右には、瓦が乗る真っ白な漆喰塀が広がっている。塀は立派な石垣に支えられているが、これは江戸時代にはなかったものである。残念ながら、出島は明治時代に川の拡幅工事によって大きく削られ、周囲も埋め立てられたため、今はもう島ではない。表門の石垣も明治期に積まれたものだ。ただし、裏門側には江戸時代の石垣がしっかり残っているので、時間に余裕のある方はぜひ見ていただきたい。

まずは江戸時代の出島の概要を知るために、入って左手奥にある「ミニ出島」を訪れたい。昭和五十一年（一九七六）からこの場所に置かれている復元模型だが、ミニといっても縮尺は十五分の一なのでそこそこ大きい。しかも、かなり正確に十九世紀前半の様子を復元している。

模型は、出島に出入りを許された出島に出入りを許された十九世紀前半の様子を復元している。

出島の中には、昭和五十一年（一九七六）に制作された十五分の一の模型「ミニ出島」がある

本画家の絵を参考にしたと言われる。教科書や副読本に載っている出島の全体図はこの慶賀の作品である。慶賀は出島内部の様子も実に多く記録している。彼の絵画は復元に大いに役立ったが、オランダ商館長ヤン・コック・ブロンホフが本国に送った出島の模型も復元に活用されたという。

前述の通り、出島には当初ポルトガル人が入居した。ところが、島原の乱が起こったことで幕府のキリスト教に対する警戒心が高まり、ポルトガル人を国外へ追放することになった。わずか三年で出島は無人島になってしまったわけだ。困ったのは出島のオーナーたちである。意外なことだが、出島の築城経費は一部を幕府が負担したものの、大部分は二十五人の裕福な長崎商人たちが金を出したのだ。幸い、ポルトガル人に代わってオランダ人が島に入居することになり、借地料として銀五十五貫が毎年オランダ商館から長崎商人に支払われることになった。単純に現在の金額に換算することはできないが、およそ一億円だと言われる。

出島の内部に自由はあったのか

復元された建物のなかで一番大きいのがカピタン部屋である。カピタンはオランダ語ではなくポルトガル語に由来するが、出島で一番偉い「長」のこと。英語で言うキャプテンの意味である。日本語ではオランダ商館長と呼んだ。

カピタン部屋は商館長の住宅兼事務所であり、同時に長崎奉行所の役人の接待所でもあった。また遊女の部屋もあった。幕府は役人以外の日本人が出島へ立ち入ることを原則として禁止していた。だが、オランダ人女性の来日も禁じていたため、宴席や売春のために遊女が出入りすることは許していたのだ。オランダ人のなかには、遊女を妻として出島に置き、子供までつくるケースもあった。なお、ヤン・コック・ブロンホフが商館長として着任した際は妻子を伴っていた。これを知って長崎中が大騒ぎとなったが、幕府は妻子の滞在を認めず、十六週間後に出発した次のオランダ船で離日している。

さて、カピタン部屋の二階には、川原慶賀やブロンホフの資料を参考に、オランダ商館長の居室が復元されている。家具はわざわざオランダや東南アジア製の類似品を探して購入したそうで、当時の雰囲気がよく出ている。部屋には畳が敷かれ、その上に机やテーブルなどが置かれているのが印象的だ。室内では、上履きに履き替えて生活していたという。

この島に住んでいたのは、オランダ人や下働きの東南アジア人など、多くても十五名ほどだった。そう、面積の割に住人は驚くほど少なかったのである。ただし、年に二度ほど交易船がやって来ると、島内の人口は一気に膨張した。

畳の上にじゅうたんや西洋風の家具が
据えられているカピタン部屋

大広間もあり、ここでは秋から冬にかけてのオランダ人たちの宴会の様子が再現されている。豚の頭や鳥の丸揚げなどのご馳走が並べられている。オランダ人は海外から船で生きたままの牛や豚を連れてきて獣肉を食べていたのだ。長崎では唐人屋敷（中華街）に住む中国人たちも同じように豚を食べていた。そうした影響もあったのだろう、幕府はたびたび長崎の町人に対して獣肉食禁止令を出している。

日本の銅は出島から世界へ

さて、続いていくつか並ぶ蔵の一つに入ってみよう。屋内の中心部には、千両箱のような形をした木箱がたくさん積まれていた。中を見ると、鉛筆のような形をした金属が入っている。当時これは棹銅《さおどう》と呼ばれていたもので、純度の高い銅のインゴット（地金）である。実は六代将軍家宣のころになると、出島には日本各地から多くの銅が集まり、輸出されていたのだ。膨大な量だったので、長崎からの船がオランダのアムステルダムに入港すると、銅の相場が下がるほどだったという。

元禄三年（一六九〇）、伊予の別子で銅の大鉱脈が見つかった。別子銅山は泉屋（住友）が採掘しており、銅鉱石は大坂に運ばれて精錬され、長崎へ運び込まれた。

オランダ商館長は年に一度（後に数年に一度）、出島から江戸に赴き、将軍に挨拶する。その帰り、京都や大坂での見物を許されるが、彼らは祇園で遊んだり、大坂で芝居を見たりする他に、住友銅吹所の視察を行うこともあった。オランダ人にとって、銅はそれほど大切な輸入品だったのである。

ただし、オランダ以上に銅などの貴金属を買い集めたのは清朝（中国）の商人だった。

幕府の為政者である新井白石は、このまま長崎貿易を続けていては国内の金、銀、銅が涸渇してしまうと考え、正徳五年（一七一五）に貿易制限令（正徳新令）を出した。

オランダ船は年間二隻、清船は年間三十隻までと船数を抑制したのだ。清船は前年まで五十九隻来航していたので、半減されてしまったことになる。しかもこの際、幕府は先着三十隻の清船に貿易許可状（信牌）を手交し、「来年、長崎に来航するときは、必ずこの許可状を持参せよ」と通告した。

当然、信牌を手にできなかった船長（清の商人）たちはこれを不満に思う。そこで、「日本の年号が入った紙切れを喜んで受け取っている者がいる」と清朝に出訴した。

清朝には、自国こそが世界の中心（中華）で、他の国は野蛮な属国だと考える華夷秩序（中華思想）がある。そのため、「けしからん」と信牌をみな没収してしまった。

とはいえ商売のことだから、翌年も清船は長崎へやって来た。ところが信牌を持っていないことがわかると、長崎奉行所は清船をすべて追い払ってしまう。こうして、長崎を通じた日清貿易は途絶えてしまった。

すると、これを知った清朝は、なんと清船に信牌を返却して翌年に貿易を再開させたのだ。プライドの高い清が、なぜ華夷秩序を曲げてまで日本と貿易をする必要があったのだろうか。

それは、交易ができなくなると清の貨幣経済が崩壊する危険があったからだ。

清朝は銀貨と銅貨を鋳造していたが、主要な通貨は銅貨であった。その鋳銭原料の六〜八割を日本産の銅に依存していたのである。江戸時代の貿易などたいした規模ではないと思いがちだが、このように日本は東アジアの経済を支えていたのだ。

シーボルトはオランダのスパイだった

このほか、長崎からは銀、海産物、樟脳、有田焼、漆器なども大量に輸出された。

輸入品は生糸や絹織物が圧倒的だったが、江戸中期以降になると黒砂糖の輸入が急増してくる。十八世紀はじめ、砂糖の輸入量は年間二千トンを超えた。

長崎から入った砂糖は、長崎街道を通じて各地に運ばれた。長崎街道は五十七里（約二百二十四キロ）の道のりに二十五の宿場があったが、近年はそれにちなんでシュガーロードと呼ばれている。現在も、沿道には

江戸時代末期に長崎で活躍した町絵師・川原慶賀の筆によるシーボルトの人物画

出典：Wikimedia Commons

砂糖をたっぷり使った老舗の和菓子屋が多い。

　砂糖の伝来は戦国時代だと言われている。キリスト教の宣教師などがカステラや金平糖、ボーロなどの南蛮菓子をもたらしたのだ。もともと日本には甘味が少なかったので、南蛮菓子は人々を大いに魅了した。江戸後期になると、輸入の増加によって庶民も砂糖の入った菓子を食べられるようになった。平和な江戸時代に需要が爆発したというわけだ。

　なお、八代将軍吉宗は自身が海外に興味を持っていたこともあり、キリスト教に関するもの以外の漢訳洋書の輸入を緩和した。以後、漢訳洋書が続々と長崎に入ってきたため、一部の人々の間で西洋には日本より進んだ知識や技術があることが認識されていった。

　こうしたなかで、十代将軍家治の時代に杉田玄白や前野良沢らが『解体新書』（オランダ語訳されたドイツの解剖書）を翻訳、発刊した。すると蘭学（洋学）が勃興し、各地から医者や学者が長崎に集まり、オランダ通詞などから西洋の技術や知識を学ぶようになった。

　そうした状況を知ったオランダ政府は、文政六年（一八二三）にドイツ人医師シーボルトを日本に派遣し、「この医師は極めて高度な医学知識と技術を有しているので、ぜひ出島の外に住まわせ、診療所と学問所を開かせてはどうか」とすすめた。

　そこで幕府は、シーボルトが長崎郊外で塾兼診療所（鳴滝塾）を開設することを認める。シーボルトは白内障の手術など、驚くような医療技術を披露したため、入門希望者が殺到した。するとシーボルトは、弟子に技術を教えたり免状を与えたりする代償として、さまざまな機密事項を報告させて情報を集めるようになった。実は、シーボルトはオランダが派遣したスパイだったのだ。しかし帰国する際、船中に持ち出し禁止の地図があることが発覚し、国外追放となってしまった。

率先して種痘を広めた佐賀藩の先進性

なお、シーボルトは来日した際、子供たちに種痘を施している。天然痘のワクチン接種である。江戸時代、もっとも致死率が高い感染症は天然痘だった。当時は疱瘡《ほうそう》や痘瘡《とうそう》などと呼ばれ、乳幼児が多く犠牲になった。たとえ健康を回復したとしても、顔にひどいあばたが残ることも少なくなかった。

ひとたび発症してしまえば、効果的な治療法はない。寛政十年刊行の志水軒朱蘭《しすいけんしゅらん》著『疱瘡心得草』には、「疱瘡にかかったら酢、酒、麺類、餅類、脂っこいものは食べてはならない」といった根拠のない事柄が綴られている。こうした迷信に頼るしかなかったのだ。

人々はわが子が疱瘡に感染しないよう、疱瘡絵というお守りに持たせた。鍾馗《しょうき》や鎮西八郎為朝（源為朝）、金太郎などが描かれた絵である。疱瘡という病は疫病神（疱瘡神）がもたらすもので、強い英雄の絵が厄除けになると信じられていたのだ。

だが十九世紀になると、そんな状況が大きく変わる。

一七九八年、イギリスのジェンナーが牛には天然痘に似た牛痘（感染症）があることに気づいた。その膿（牛痘苗）を人体に入れると感染して水疱性の発疹が現れるが、その被験者は人間の疱瘡には罹患しない。そこから、牛痘苗を接種することで天然痘を防ぐ、牛痘種痘法を考案したのだ。

まもなく、書物によって日本にもその知識が伝わった。しかし、日本人が実際の牛痘接種を目の当たりにしたのは、シーボルトによるものが初めてだった。ただし、彼が持参したワクチンは失活していたので、残念ながら接種はうまくいかなかった。

それからおよそ二十年後、日本で初めて牛痘接種に成功したのは、長崎に住む佐賀藩医の楢林宗建《ならばやしそうけん》である。彼はシーボルトの弟子だった。

これより前、佐賀藩では疱瘡が大流行し多くの命が奪われていた。そこで、藩主の鍋島直正は牛痘苗を手に入れるよう宗建に命じたのだ。宗建は出島のオランダ商館長に依頼し、商館医モーニッケの協力を仰いだ。嘉永元年（一八四八）、宗建はバタビアから運んできた牛痘苗を手に入れ、モーニッケの指導のもとで子供たちに接種を試みた。しかし水疱は現れず、試みは失敗に終わった。

宗建はそれでもあきらめず、今度は痘苗ではなく痘痂《とうか》（瘡蓋《かさぶた》）の入手をモーニッケに依頼する。翌年、それを三人の乳児に接種したところ、うち一人に水疱が現れたのである。

これが、日本初の種痘の成功例であった。しかも、その乳児は宗建の子・建三郎だった。宗建は次々と乳児に種痘を行い、水疱が現れた子供たちを急ぎ佐賀へ送った。

藩主の鍋島直正は領民が接種を忌避しないよう、嫡男の淳一郎（四歳）に牛痘を接種した。これにより、藩内では急速に種痘が広まり、多くの命が救われたのだ。

幕府はこのような種痘の成功事例を知りながら、その後十年近く牛痘接種を許さなかった。幕府の医師たちは漢方医が主流で、蘭方医の医療技術を快く思っていなかったからだ。こうした馬鹿な医者たちのために、江戸では多くの命が失われてしまった。

一方、佐賀藩での牛痘接種を知ると、越前藩主の松平春嶽、前水戸藩主の徳川斉昭、薩摩藩主の島津斉彬《なりあきら》もすぐに佐賀藩から苗を分けてもらい、領民への接種を行った。同じ日本国内でも、藩主に進取の気質があるかどうかで明暗が分かれたわけだ。

鍋島直正に藩政改革を決意させた出来事とは

牛痘接種に成功した赤子を佐賀へ送った楢林宗建の跡を追うように、私も長崎の地を離れて佐賀へ向かうことにする。

ただ、せっかくなので駅近くの食堂で長崎ちゃんぽんを食べてから九州新幹線に乗り込んだ。長崎駅から佐賀駅までは一時間もかからない。ずいぶん近くなったものだ。新幹線かもめに三十分ほど乗り武雄温泉駅で下車。そこから特急リレーかもめに乗り換えた。

講演会の仕事などで、佐賀市にはこれまで何度も訪れたことがある。

今回のホテルは佐賀城近くのホテルニューオオタニ佐賀。荷物を置いてホテル二階のレストランに入った。目の前に広がる城のお壕を眺めつつ、コーヒーブレイクしてから表に出る。七月だったので気温は三十五度近くあり、少々立ちくらみがした。

ホテルから佐賀城（地図②）へ向かうが、あえて大通り（堀端西通り）には出ないで住宅街の道を行く。すると、道が不思議な形に折れ曲がっていたり、行き止まりのようになっていたりする箇所にたびたび遭遇する。これは城下町特有の構造で、敵からの防御のためにあえてこのような形にしているのだ。

こんな道筋だと自動車が通るには不便なので、戦後の再開発や造成で城下を碁盤目状の町割りに改変してしまったところも多い。とはいえ、城下町ではまだまだ昔の道が残っているので、城の近くに来たらそんな痕跡を探しつつ歩くのも楽しい。

やがて城内通りに出て西の御門橋を渡り、佐賀城本丸入口の交差点まで来ると、佐賀城の見事な石垣が彼方に見える。天守台の石垣である。さらに近づくと、佐賀藩主・鍋島直正の巨大な銅像が出迎えてくれる。そう、種痘を佐賀藩に定着させた名君である。その容貌はどことなく俳優の岸部一徳さんに似ている。

直正が父の斉直から家督を継いで藩主になったのは、十七歳になった天保元年(一八三〇)のこと。同年、直正は江戸藩邸を発って国元の佐賀に向かった。行列は昼前に品川宿に着いたのに、日暮れ時になっても動こうとしない。妙に思って側近にわけを聞くと、「藩に金を貸していた商人たちが返済を求めて押しかけてきて、出発できないでいる」と言うではないか。

「わが藩はそれほどまでに貧しいのか」と衝撃を覚えた直正は、このとき藩政改革を決意する。当時の佐賀藩は石高三十五万七千石で、直轄地からの年貢は九万石。これは歳入全体のわずか十二パーセントにすぎない。歳入の七十三パーセントが豪商からの借金で、支出の半分近くが借金の返済にあてられていた。異常な収支である。そこで直正は、借金に頼らず年度の収入だけで財政を賄うと家中に宣言する。

鍋島直正の旧銅像は
戦時下の金属供出で撤去されたが、
平成二十九年(二〇一七)に再建された

藩債の一部を商人たちに渡したうえで、残金を七十年や百年という気の遠くなる年賦返還にさせたり、借金を献金という形で帳消しにさせたりした。つまり、商人たちの借金を踏み倒したのである。結果、天保十年（一八三九）には藩支出における豪商への借金返済の割合は全体の十パーセントにまで激減した。

さらに、藩庁の役人全体の三分の一にあたる四百二十人を解雇して行政組織をスリム化し、不在地主の土地を没収して直接耕作者である水呑百姓（小作人）に分け与えた。具体的には、自力で新田を切り開いた開発地主を除き、三十町以上の地主には六町、それ以下の者には三十五パーセントの所有のみを許し、そのほかは小作や貧農に与えてしまった。この政策を均田制と呼ぶが、小作人にとっては願ってもないことだし、藩にとっても年貢量に変化はない。損をするのは地主だけだ。本百姓になれた農民たちは藩に感謝し、一生懸命尽くしてくれる。戦後日本の農地改革を先取りしたような、革命的な政策だった。

書物の知識だけで反射炉をつくる

直正が藩政改革のなかでもっとも心血を注いだのは軍事力の強化だった。

それにはわけがある。佐賀藩は福岡藩と隔年で長崎警備を命ぜられていたが、文化五年（一八〇八）、長崎に一隻のオランダ船が入港してきた。臨検のために幕府の役人と出島のオランダ人が小舟に分乗して船に向かったところ、その船から短艇（カッターボート）が何隻も降ろされた。しかも、そこには武装した兵士が大勢乗っている。驚いた幕府の役人は海に飛び込んで難を逃れたが、オランダ人たちは拉致されてしまった。実はこの船、フェートン号というイギリスの軍艦だったのだ。

当時のオランダはフランスの支配下にあった。そのフランスと敵対関係にあったイギリスのフェートン号は、バタビアから長崎へ向かうオランダ船を攻撃しようとやって来たのだ。しかしオランダ船が停泊していなかったため、オランダ人を人質にとって中国船や日本の船を砲撃すると脅し、長崎奉行所に食糧や水を要求してきた。

このときの長崎の警備担当は佐賀藩だったが、太平の世に安心しきって兵をほとんど配置していなかった。長崎奉行の松平康英は佐賀藩に派兵を催促したものの、なかなか到着せず、仕方なくフェートン号の要求を聞き入れた。こうしてフェートン号が退去すると、康英は責任をとって切腹して果てた。幕府は佐賀藩の怠慢をとがめ、家老数名に死罪を命じ、藩主の斉直（直正の実父）を百日の閉門とした。

この屈辱的な出来事は、佐賀藩士たちの脳裏に深く刻まれた。次にこうした異国船が侵入することがあったら、佐賀藩の意地にかけても必ずや一矢報いる。そんな思いが、直正に軍事改革を断行させたのだろう。

佐賀藩は天保三年（一八三二）からカノン・モルチール（洋式大砲）の鋳造研究を始め、数年後に大砲の模型を完成させた。天保八年（一八三七）にはオランダから大砲を輸入し、それを模した銅製砲を鋳造した。だが、弾丸を発射する際の強烈な衝撃に砲身が耐えられず、大砲はみな壊れてしまった。また銅は非常に高価だった。

そこで頑丈で安価な鉄製の大砲をつくろうと決意するが、それには鉄を大量に溶かす洋式の反射炉が必要になる。反射炉とは、砂鉄や鉄鉱石を溶かした不純物の多い鉄（銑鉄）を千三百度以上の高炉で鋳鉄や鋼鉄に精錬し、鋳型に流す熔融炉のこと。

ただし、佐賀には反射炉の建設を指導できる外国人の技術者がいない。また、幕府が出島のオランダ人を連れてくることを許すはずがない。このため、書物をもとにすべて日本人の手で反射炉の建設を行うことになった。

まず一八二六年にオランダのヒュゲーニンが刊行した『ロイク王立鉄製大砲鋳造所における鋳造法』の翻訳から始まった。佐賀藩の蘭方医・伊東玄朴とその弟子たちが同書を翻訳し、本島藤太夫をリーダーに八名が建設計画の中心となった。身分を問わず有能な者が集められ、メンバーには藩士のほかに刀鍛冶、鋳物師、算術家、藩外の学者などもいた。

こうして苦心惨憺のすえ、嘉永三年（一八五〇）、ついに築地《ついじ》（現、佐賀市長瀬町）の地に反射炉が完成したのである。当時の反射炉は残念ながら現存しないが、近くの小学校の敷地内には築地反射炉跡碑（地図③）と、縮小された復元模型がある。

ただし、反射炉の完成で大砲の鋳造がすぐ軌道に乗ったわけではなかった。鋳造はできたものの鉄の質にばらつきがあり、弾を撃つと大砲が破裂してしまうこともしばしばだった。

嘉永五年（一八五二）、ようやく鉄製三十六ポンド砲の製造に成功し、その後、佐賀藩では最終的に二百七十門もの鉄製大砲をつくった。一説には、最新のイギリス製アームストロング砲を輸入し、その模造にも成功したとされる。幕府も佐賀藩の技術力に大いに着目し、ペリーの来航により急造した品川台場に備える大砲を発注している。

なぜ佐賀藩は尊王攘夷運動に関与しなかったのか

最新の兵器製造技術を有するようになった佐賀藩だが、同時に直正は最強の軍隊をつくり上げることにも心血を注いだ。佐賀藩はもともと長崎警備を任されていた関係から、兵を訓練し常に臨戦態勢を整えておく必要があった。

直正は万延元年（一八六〇）に総鉄砲を命じ、藩士全員に鉄砲を与えて弓・槍などを完全に禁止。徹底的な洋式訓練を施した。以後、毎年のように軍事演習や大砲調練を行い、実戦で通用する強力な軍隊をつくり上げていった。あるとき直正は、「佐賀の四十の兵は、諸藩の兵一千に匹敵する」と豪語したというが、それも大袈裟とは言えない。

佐賀城にある二十四ポンドカノン砲と鯱の門

このような軍事力を持ちながら、佐賀藩は尊王攘夷運動には関わらなかった。江藤新平、大隈重信など一部の藩士は活躍したが、藩全体としては沈黙を守り続けた。直正がそうさせたのである。だから、幕府方も朝廷方も自派に引き入れようと懸命の工作を行っている。直正は、おそらく最後の決定的瞬間において、キャスティングボートを握ろうとしていたのだろう。

その目論見は成功する。鳥羽・伏見の戦いのあと、ようやく新政府への加担を表明。戊辰戦争で驚くような戦功を上げ、「薩長土肥」と呼ばれる新政府の四大藩閥に食い込んだのである。幕末の政争で傷つくことなく、最後にちゃっかり維新功労藩の仲間入りを果たしたわけで、すべては軍事改革がもたらした賜物であった。

佐賀城本丸に鯱《しゃち》の門から入ると、復元された二十四ポンドカノン砲が目に入ってくる。ペリーが来航する以前に、書籍の知識だけを頼りにこの巨大な大砲をつくり上げたという事実を目の当たりにして、佐賀藩の底力にあらためて感銘を受けた。

本丸内には、直正が藩主だったころの本丸御殿の一部が復元されている。中へ入ればわかるが、一部といっても非常に大きい。建物は現在、佐賀城本丸歴史館として使用されており、佐賀藩の歴史がわかるような史料や遺物、関係書籍、さらに映像展示やシアターなどが各所にある。佐賀藩や城に関するゲームを楽しむこともできる。

建物の入口は御玄関といって、当時は藩主などの高貴な人物しか使用できなかった。ここで履き物を脱ぎ、入館料を払って中へ入る。正面の御式台《おんしきだい》は客の待機室だった。

さらに奥に入ると長い廊下が続いており、その横に奥から一之間、二之間、三之間、四之間と四つの部屋が続く。廊下も合わせると、なんと三百二十畳の広さになるという。江戸時代、この場所でさまざまな儀式や行事が行われた。

私が訪れたときには、遠足で来た小学生たちが広い大広間を駆け回って遊んでいた。あまり博物館や資料館でそうした姿を見ることがないので少々戸惑ったが、復元された本丸御殿（佐賀城本丸歴史館）には子供たちが楽しめるゲームや映像が用意してあるうえ、とにかく大きな畳敷きの広間なので、ついつい楽しくなってしまうのだろう。

館内には、藩主の直正が執務をした御座間《ござのま》も復元され、再建された御料理間《おりょうりのま》では直正が行った藩政改革が四つのテーマで紹介されていた。さらに、佐賀藩がつくった蒸気船・凌風丸《りょうふうまる》も紹介されていた。これは実用に足る日本初の蒸気船で、世界遺産に指定されている三重津海軍所（地図④）でつくられたものである。

すでに夕方になっていたので、明朝に現地を訪ねることにして、その日はホテル三階のレストランで佐賀牛に舌鼓を打ち、部屋に戻って寝た。

“がっかり観光地”を楽しむ方法

翌朝八時にチェックアウトして、タクシーに乗り込み二十分ほどで三重津海軍所跡に着いた。ＪＲ佐賀駅バスセンターからバス（佐賀市営バス早津江線）が出ているので、佐野・三重津歴史館入口のバス停で降りてもよい。そこから徒歩五、六分で現地に到着する。

三重津海軍所は、もともと早津江川の岸辺に設けられた佐賀藩船の停泊基地（船屋）があった川港で、安政五年（一八五八）から洋式帆船や蒸気船の係留所、操縦訓練場、ドックとして整備された。大きく船屋地区、稽古場地区、修覆場地区に分かれている。

この三重津海軍所跡は、二〇一五年に「明治日本の産業革命遺産」の一つとして世界遺産に登録された。「明治日本の産業革命遺産」は製鉄・製鋼、造船、石炭産業を中心に、八つ（釜石、韮山、萩、八幡、三池、長崎、佐賀、鹿児島）のエリアと二十三の資産で構成されている。時代も明治だけでなく、江戸から令和までと幅広い。

文化庁のウェブサイトによると、西洋から非西洋への産業化の移転が成功したことを証言する産業遺産群だという。周知のように、日本は十九世紀後半から二十世紀の初頭にかけて工業立国の土台を構築し、後に日本の基幹産業となる造船、製鉄・製鋼、石炭などの重工業で急速な産業化を成し遂げた。この「明治日本の産業革命遺産」は、一八五〇年代から一九一〇年の半世紀に西洋の技術が移転され、実践と応用を経て産業システム、産業国家が構築されていく道程を時系列で証言している。

そういった意味で、三重津海軍所跡で特に評価されているのが修覆場地区のドライドックだ。有明海は潮の満ち引きが非常に大きい。ドライドックはそのような海に注ぐ早津江川河口にあるため、満潮時に船をドックに引き入れたあと、引き潮で水が排出されてから門扉（ゲート）を閉ざして修理を行う。修理が完了したら、満潮時に門扉《もんぴ》を開けて再び水を引き入れ、船を浮かべて出航させるのだ。

干満差が大きい有明海の自然環境をうまく使っていることに加え、ドックも西洋のような煉瓦や石ではなく、木製骨格に粘土と砂（破砕貝殻）を交互に積み重ねる日本の伝統技術で構築されている。西洋の技術を日本の伝統技術で代替している点も高い評価を受けている理由だ。

しかし、そんな素晴らしい技術遺構をくまなく目にできると期待して現地を訪れると、がっかりしてしまうかもしれない。遺跡を保護する目的で完全に埋め戻されているため、跡地にはいくつかの案内板が立っているものの、草の生えた河原が広がっているだけだからだ。

ただ、そんな〝がっかり観光地〟を逆手にとり、佐賀県では三重津と「みえない世界遺産」をかけて、史跡を大々的にユーチューブなどでアピールしていてユニークだ。

東芝の礎をつくった「からくり儀右衛門」

道路を挟んだ反対側には、目にまぶしい白亜のガラス張りの大きな建物が立つ。「佐野常民と三重津海軍所跡の歴史館」（地図⑤）である。その一階にはドライドックの遺構（一部）が再現され、大型スクリーンやパネルなどで海軍所の歴史がよくわかるようになっている。映像に加えて、ＶＲでも当時の様子を仮想的に楽しむことができる。

二階は、日本赤十字社の生みの親として知られる佐野常民の業績を中心に紹介している。佐賀藩士の佐野常民は藩主の鍋島直正の命で精煉方（いわゆる理化学研究所）のリーダーとなり、各地から有能な技術者を集めて佐賀藩の近代化を牽引した。三重津海軍所の監督として、蒸気船「凌風丸」の建造や修理にあたったのも常民である。

そんな常民が佐賀藩に招いた人物に田中久重がいる。久重はもともと久留米藩のべっこう細工師の子で、自作のからくり人形を見世物にして生計を立てていたので「からくり儀右衛門」と呼ばれた。壮年期まで大坂や京都で興行していたが、やがて携帯できる懐中燭台、空気圧を利用して自動給油できる「無尽灯」などを発明。さらに、一度ゼンマイを巻くと四百日も正確に動く「万年自鳴鐘《まんねんじめいしょう》」（万年時計）をつくり上げた。驚くべきは、ペリーが来航した年に造作もなく木造の蒸気船をつくり、それを水に浮かべて動かしてみせたことである。

こうした才能に目をつけた常民は、久重が職人の出であるにもかかからず、士分の待遇をもって佐賀藩に迎え入れた。もちろん藩主の直正も承知していた。

佐賀に迎えられてからの久重は、精煉方の中心となりさまざまな西洋の品を模倣しつくり上げた。蒸気船や蒸気機関車のひな形、電信機、反射炉と水力を用いた鉄製の大砲などだ。特に興味深いのは蒸気機関砲だろう。残念ながら実物は残っていないが、当時の記録によると砲車の上に蒸気機関を備えつけ、蒸気の力で続けざまに砲弾を発射できた。砲身は自在に動き、三十メートルの距離から二・五センチの板を貫く威力があったという。

特筆すべきは、前述の通り、日本で初めての実用に足る蒸気船「凌風丸」を建造したことである。久重は藩命により、幕府が長崎に創設した海軍伝習所で学び、蒸気船に関する知識を習得した。佐賀藩は独力で蒸気船をつくるにあたり、その前段階として、文久元年に蒸気缶（ボイラー）製造を願う申請を幕府にしていた。

これが聞き届けられると、先の三重津海軍所に製造所が設置された。実は、佐賀藩がオランダから購入した蒸気船「電流丸」の蒸気缶が壊れてしまっており、それを西洋人から購入するのではなく、自前でつくってしまおうとしたわけだ。こうして久重は蒸気缶の製造に難なく成功し、さらに幕府からも注文を受けるようになった。

この実績をもとにいよいよ蒸気船の製造を始め、二年後の慶応元年（一八六五）、ついに凌風丸が竣工したのである。このとき久重は六十七歳になっていた。感無量だったことだろう。明治維新後、久重は東京に出て後の大企業「東芝」の礎をつくっている。

鍋島直正という名君の登場によって、佐賀藩の軍事力は他藩を圧倒するようになった。それにより戊辰戦争で軍事的功績を上げ、佐賀藩出身者は明治政府において大きな力を持つことができるようになったのだ。

維新の下敷きになった薩摩の近代化

そんな直正の従弟が薩摩藩主・島津斉彬《なりあきら》である。直正の母・幸姫と斉彬の母・弥姫が姉妹（六代鳥取藩主池田治道の娘）なのだ。この斉彬も西洋の科学技術に並々ならぬ関心があり、ペリーが来航する前から蒸気機関の試作や反射炉の建設を始めていた。鍋島直正は、斉彬に多くの書物や物品を提供して協力した。

そこで、これから幕末における薩摩藩の技術力がわかる、鹿児島県のある場所へ向かう。

佐賀駅から鹿児島中央駅までは、特急列車に乗って新鳥栖で九州新幹線に乗り換えると、およそ一時間四十分で到着する。昼前には鹿児島中央駅に着いてしまった。いつもは鹿児島空港に降り立つので、考えてみればこの駅を使うのは初めてだった。周辺は一大商業地域になっており、近代的な店も多い。路面電車と建物（アミュプラザ鹿児島）の上にそびえる高さ九十メートル以上の観覧車がなければ、都心にいるのと変わらない感じだ。

万治元年（一六五八）、島津家十九代光久によって築かれた仙巌園

鹿児島市内には観光スポットが多いが、歴史分野ではやはり幕末の史跡は外せないだろう。西郷隆盛終焉の地、西郷隆盛洞窟、南洲墓地、鹿児島城、鹿児島市維新ふるさと館、鹿児島県立博物館はぜひ見ておきたい。数年前、大久保利通の評伝を書くために取材に来たときは、大久保利通の銅像や誕生碑など、利通関係の史跡を巡った。

ただ、今日中に東京に戻らなくてはならなかったので、見学地は一つだけに絞った。斉彬が近代化を推進したことがわかる仙巌園《せんがんえん》（地図⑥）だ。

鹿児島中央駅前からバスに乗り、十五分ほどで仙巌園前のバス停に到着する。一面に広がる錦江湾と前方沖合にそびえる桜島の威容はまさに圧巻だ。

仙巌園は島津家の別邸としておよそ三百五十年前に建てられ、現在も江戸時代の庭園や明治時代の藩主の建物などが残されている。敷地面積は約五万平方メートルで東京ドームより広い。じっくり回れば半日以上はかかるだろう。

まずは昼食である。園内には桜華亭というレストランがあり、一面ガラス張りの窓から桜島の壮大な風景を眺めつつ、薩摩の郷土料理を味わうことできる。

前回来たときは大雨で山影すら見えなかったが、今回はよく晴れている。ただ、桜島にかかる白い雲に混じってどす黒い雲が広がってきた。店員さんに聞くと噴煙だという。

桜島の噴火は地元の人にとって日常の光景だ

「ここで大爆発が起こったら大変なことになりますね」と言うと、「この程度の噴煙は日常茶飯事」との返答だった。安心させるためなのかと思いきや、後で調べたら本当に年間二百回以上も噴火しているのだ。鹿児島の人にとっては、まさに日常の光景なのだろう。

外交の舞台にもなった名勝

山の中腹にある一枚岩に
「千尋巌」の文字が刻まれている

食事を終え、江戸時代から存在する庭園を巡ることにした。大きな池に立派な石橋と灯籠、松と蘇鉄の巨木、さらに涼をとるための東屋がある。東屋は名を望嶽楼といい、江戸時代の建物だという。嶽を望むと書くが、嶽とはもちろん桜島のことだ。簡素な建物に見えるが、実は琉球王国から贈られたものなのだ。床の敷き瓦は秦の始皇帝の宮殿「阿房宮」を模してつくられた。欄干のデザインもユニークで、異国情緒を醸し出している。

庭園の前面には錦江湾が広がっているが、背後には険しい山を背負っている。真夏ゆえ葉が青々と茂っていたが、一部だけ巨大な岩が露出している箇所があり、そこに大きく「千尋巌《せんじんがん》」という文字が彫られている。三文字合わせて十一メートルにもなり、文化十一年（一八一四）

に延べ三千九百人を動員し三カ月かけて刻まれたものだ。九代藩主（島津家二十七代）斉興のときのことである。

「千尋巌」とは「ものすごく大きな岩」という意味。大きな岩に「大きな岩」という文字を彫ったわけで、そう考えると少し可笑しい。巨岩に文字を刻むことは中国に由来し、そうすることで霊力を高める効果があるそうだ。

庭の奥にある御殿（藩主別邸）は、最後の藩主である島津忠義が廃藩置県後に本宅としたもの。現存するのは明治十七年（一八八四）に改築された区画が中心で、もとは三倍近く大きな建物だった。幕末にはイギリス公使のパークスや長崎商人のグラバーが来訪し、明治時代にも勝海舟や篤姫、ロシア皇太子のニコライやイギリス国王エドワード八世が訪れたという。御殿の柱には屋久杉が使用されるなど非常に豪華な造りで、島津斉彬が描いた鷹の屏風も展示されている。

仙巌園では、事前予約すれば本格的な甲冑を身につけることもできる。私は島津斉彬の復元甲冑を身につけさせてもらったが、レプリカとはいえかなり重い。ちなみにこの甲冑を作製した会社は、大谷翔平選手がエンゼルスでホームランを打つたびにかぶっていたあの兜もつくったそうだ。このほか、小袖や直垂《ひたたれ》なども用意されており、甲冑姿で御殿や庭園を自由に歩くことができる。興味がある方はぜひ試してみてほしい（真夏だったので、私は一時間も経たずにギブアップしてしまったが……)。

仙巌園では、これ以外にも薩摩切子や薩摩焼、竹細工、弓矢など、数多くの伝統技術を体験できる催しが用意されている。

集成館ではさまざまな最先端技術を研究

この島津家別邸(仙巌園)にさまざまな近代工場群をつくったのが、十一代藩主の島津斉彬だった。斉彬は十代藩主斉興《なりおき》の嫡男として生まれたが、四十歳をすぎても斉興は斉彬に家督を譲らなかった。側室のお由羅が生んだ久光を藩主にしたいと考えていたのだ。

その結果、藩主斉興と世嗣《せいし》である斉彬の対立が高じ、斉彬派の面々が斉彬の藩主擁立を目論んだところ、その動きを察知した斉興は、斉彬派の多くを切腹や遠島《えんとう》などの厳罰に処した。この事件は「お由羅騒動」と呼ばれる。

こうして斉彬派は壊滅し、生き残りの四人が脱藩して福岡藩主の黒田斉溥《ながひろ》に助けを求めた。斉溥は斉興の叔父にあたる。すでに斉彬の聡明さは知れ渡っており、斉溥は幕府の老中である阿部正弘らにかけ合い、嘉永三年(一八五〇)十二月、幕府は斉興に対して暗に引退を促した。翌年に斉興は隠居し、四十三歳の斉彬がようやく藩主の地位を継いだ。

斉彬は西洋の文化に強い憧れを持っていたが、それは曾祖父で八代藩主・重豪《しげひで》の影響だっ

日本初の工場群である集成館は現在、
博物館になっている

た。重豪は三女の茂姫《しげひめ》を十一代将軍家斉の御台所（正室）としたことで大きな権力を手にした。このため、人々は江戸の高輪に住む重豪のことを、高輪下馬将軍と呼ぶほどだった。

　重豪は藩主引退後も暗然たる権力を持っていたが、大の蘭学好きで、外国の書籍や珍奇な品物を買いあさったり、長崎に出向いて出島を訪問したり、シーボルトと会ったり、オランダ船に乗ったりするなどした。そのため、人々からは「蘭癖大名」とあだ名されるほどだった。斉彬はそんな重豪から大いに可愛いがられ、多大な影響を受けたのである。

　藩主になった斉彬は、すぐさま島津家別邸に洋式の工場や施設をつくり始め、ここを集成館と名づけた。今も伝統工芸として有名な薩摩切子は、集成館のガラス工場から始まっている。そのほか蒸気機関の研究、洋式帆船の建造、ガス灯や電信機の製造、さらには長崎で手に入れた写真機で家臣に写真術の研究をさせた。日本最古の写真は安政四年（一八五七）に斉彬の姿をとらえた銀板写真だが、この写真は今も仙巌園内の尚古集成館に保管されている。

また、蒸気機関の試作に成功した斉彬は、日本初の国産蒸気船「雲行丸」を品川の海で走行させた。ペリーと幕府が日米和親条約を結んだ翌年（一八五五）のことである。

これを知った長崎伝習所の長官カッテンディーケは、「一度も蒸気機関を見たことがないのに、簡単な図面をもとにこれをつくった人の才能の非凡さに驚かざるを得ない」と感嘆している。

伝統技術を反射炉に応用する

こうしたことが当時の日本人にできた要因は、やはり教育水準の高さにあると思う。十九世紀になると国内では寺子屋や私塾、藩校などが急増し、武士だけでなく庶民までも文字を読み書きできるようになった。

一説には、江戸の庶民の半分程度が文字を読めたのではないかと言われており、それによって出版文化が花開き、さまざまな書籍が刊行されて教育水準が大いに高まったのだ。このような社会は、世界で日本以外には存在しなかった。

すでに説明してきたように、佐賀藩や薩摩藩などの名君がいる西国の先進藩では、オラ

仙巌園内にある旧集成館の反射炉跡

ンダの原書などを次々に翻訳して西洋の科学技術を取り入れていった。開国後は幕府も蕃書調所を開設し、遅ればせながら幕臣たちに洋学を教授し始めた。

集成館事業の一環として、斉彬も佐賀藩の協力を得て反射炉の建設を始めた。基礎は石垣の技術を利用し、煉瓦は薩摩焼の技術を用いている。しかし、一号基は壁の重さで傾き煉瓦が崩壊してしまった。また、湿気のために炉内が高温にならず、鉄が溶けなかった。それでも斉彬は、「西洋人も人なり、佐賀人も人なり、そして薩摩人も人なり」といって部下を励ましたという。佐賀藩にできて薩摩藩にできないわけがないというのだ。

仙巌園には反射炉の基礎部分が現存している。それを見ると、礎石はまったく隙間なく組まれており、薩摩焼の煉瓦も残存している。こうした伝統技術に加え、湿気対策として暗渠《あんきょ》をつくるなど独自の工夫がなされている。これが評価され、反射炉用の炭を製造した寺山炭窯跡、集成館の動力として水を引いた関吉の疎水跡とともに、反射炉を含む旧集成館事業は「明治日本の産業革命遺産」となっている。

数年前、この反射炉跡のすぐそばに鹿児島世界文化遺産オリエンテーションセンターがつくられた。館内には反射炉の復元模型などがあり、詳しくその構造がわかるようになっているので、まずはここに立ち寄ってから反射炉の遺構を見るのがいいだろう。

ちなみに、薩摩藩の反射炉は安政四年（一八五七）に完成したが、どうやら鉄製大砲の鋳造は結局うまくいかなかったようだ。

日本を列強から守った名君たちの先見

反射炉が完成した翌年、佐賀藩主・鍋島直正は船で鹿児島をサプライズ訪問した。このとき、直正と斉彬は茶室でいったい何を話し合ったのだろうか。

残念ながら、斉彬はこの年に急死してしまった。弟の島津久光派による毒殺という噂も流れたが、現在は熱中症の可能性が指摘されている。これにより、最盛期には千二百名が働いていた集成館事業は大幅に縮小された。さらに、文久三年（一八六三）の薩英戦争で集成館の工場群は焼失してしまう。

しかし、これを機に列強の強さを知った藩主の忠義とその父・久光は、富国強兵の必要性を実感。機械工場や鋳物工場をはじめとする集成館事業を再興し、さらに拡大した。そうした自助努力に加え、薩摩藩はオランダやイギリスから最新式の銃砲、艦船、機械を輸入し、軍事大国化していった。これがやがて戊辰戦争の勝利につながるわけだ。

文久三年（一八六三）にはオランダ製の形削板《かたけずりばん》（溝の加工などを行う工作機械）を仕入れたが、これは国内最古のもの。現在は重要文化財に指定され尚古集成館に所蔵されている。

この尚古集成館は、仙巌園内にある石造りの立派な建物である。内部には集成館事業に関するさまざまな史料や遺物が展示されているが、実はこの建物、慶応元年（一八六五）に竣工した機械工場なのである。機械工場としては現存最古であり、長崎にあるオランダ人の建てた製鉄所を参考に、地元の大工たちが日本の伝統技術を駆使して建設した。壁も西洋煉瓦ではなく凝灰岩《ぎょうかいがん》を用いている。屋根は鉄板亜鉛葺、窓はアーチ型、土台には神社に見られる亀腹石《かめばらいし》が使われるなど、和洋がうまく融合した見事な建物だ。

こうした事業の中心になったのが薩摩藩の五代才助（友厚）だった。明治時代に関西の実業界で重鎮となった人物である。才助は、藩に対して「富国強兵のために若者をイギリスへ留学させるべきだ」という意見書をしたため、それが採用されて慶応元年（一八六五）、才助は十数名の若者らと共にイギリスへ密航した。そのなかには後の外務卿・寺島宗則、文部大臣・森有礼など、日本の近代化のために大きな活躍をした人々も含まれている。

今回は、江戸時代の国際港である長崎から始まり、佐賀藩、薩摩藩と回ってきた。鎖国と言われる体制のなかで、江戸時代の名君や知識人が海外の技術を貪欲に吸収し、近代化に取り組んでいたことを理解していただけたはずだ。だからこそ明治以後、日本は短期間で世界の強国に成り上がることができたのである。

プラン（五）

戊辰戦争のさなか、命を賭して
お家と領民を守った男の物語

村上の旅

村上市

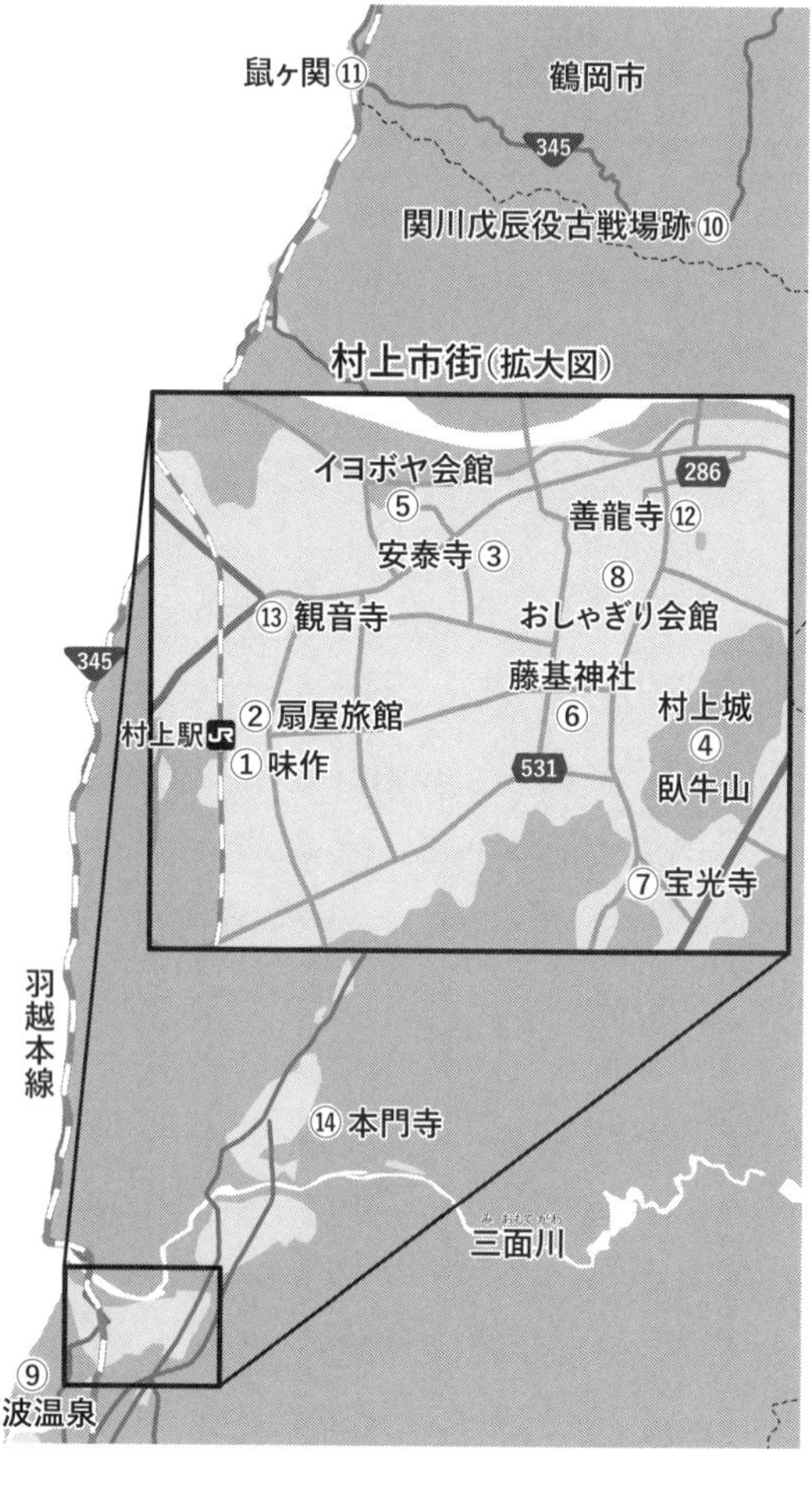
鼠ヶ関 ⑪
鶴岡市
345
関川戊辰役古戦場跡 ⑩
村上市街（拡大図）
イヨボヤ会館
⑤
286
善龍寺 ⑫
安泰寺 ③
⑧
おしゃぎり会館
⑬ 観音寺
藤基神社
⑥
村上城
④
臥牛山
345
② 扇屋旅館
村上駅
① 味作
531
⑦ 宝光寺
羽越本線
⑭ 本門寺
三《み》面《おもて》川《がわ》
⑨
瀬波温泉

幕末の小藩で起こった知られざるドラマ

縁《えにし》というのは不思議なものである。これほどたびたび新潟県村上市を訪れ、地元の方々と深く交流するようになるとは、まったく思いもしなかった。

初めて村上市にやってきたのは二〇一六年十二月一日のこと。幕末期の村上藩士、鳥居三十郎を取材するためである。といっても、かなりの歴史通でもその名を聞いたことはないだろう。実を言うと、私もまったく知らなかった。

そんな人物に興味を持ったのは、ある講演会後に参加者から「ぜひ『とりいさんじゅうろう』について書いてくださいよ」と言われたことがきっかけだった。気になって後日調べたところ、幕末に活躍した越後国村上藩五万石の家老であることがわかった。

幕末動乱のさなか、王政復古の大号令が発せられ新政府が樹立されると、村上藩は新政府への恭順派と旧幕府を支持する主戦派に分かれた。江戸詰めの元藩主内藤信親《のぶちか》はあくまで恭順の姿勢をとり、その方向で藩内をまとめるよう若き藩主を国元に送り込むが、国元では藩士の多くが戦いも辞さないと息巻いていた。藩主は苦悩の末に自殺。主戦派の三十郎が実権を握るが、やがて新政府の大軍が藩境に迫ってきた。

すると三十郎は主戦派を率いて村上を出て、庄内藩と共に新政府軍と戦うことにした。

結果、村上藩士が敵と味方に分かれるという悲劇的な戦いを繰り広げることになってしまった。結局は庄内藩も新政府軍に降伏し、鳥居三十郎は新政府に反抗した村上藩士たちを守るために、すべての責めを負って切腹して果てた。二十九歳の若さだった。

この地にそうした歴史に埋もれたドラマがあったこと知るにつれ、ぜひともこの人の生きざまを子細に調べ、評伝として書き残したいと思ったのだ。

幸い、旧知の編集者が出版してくれるという。ただし都内で集めた資料だけでは伝記を書くのに不十分だったので、資料集めも兼ねて村上市へ取材に行くことにしたのだ。

まずは日本海の味覚を堪能

自宅から新潟までおよそ三時間。さらにそこから村上駅へは電車で約一時間かかる。しかも、電車の本数は一時間に一本程度しかない。朝七時前に出発したものの、村上駅に到着したころには十一時をすぎていた。

駅の改札を出ると広場になっていて、「歓迎 瀬波温泉村上駅」と書かれた櫓のような二階建ての大きなモニュメントが目に飛び込んでくる。村上市観光協会が建てた歓迎塔だ。夕日が美しいということで、瀬波温泉が村上市一番の売りらしい。

まずは広場の左手にある観光案内所へ向かった。事前に関連史跡や資料のありそうな施設についてはあたりをつけてきたが、観光案内所では、現地ならではの貴重な情報が手に入ることも多い。

しかし、村上の観光スポットに詳しい案内所の方も、鳥居三十郎のことはあまりご存じなかった。村上市や観光協会でも、三十郎に関する史跡地図や冊子は作成していない。隣の鶴岡市や近くの米沢市とは異なり、それほど歴史を観光の売りにはしていないようだ。

村上駅前にはほとんど人の姿がなく、閑散としていた。朝食もまだだったので、駅近くのお食事処「味作」（地図①）でおまかせ定食を頼んだ。刺身や魚の煮つけ、アラ汁などどれもおいしかったが、メニューにあったハラコ丼がいくら丼のことだとわかっていたら、それを頼んでいたかもしれない。後述するが、村上地方には独特の食文化がある。村上に来たら、そうした食の探検もおすすめだ。

宿泊するのは村上駅前の扇屋旅館（地図②）だ。大正時代から続く老舗だが、数年前の大規模改修でおしゃれな旅館に生まれ変わり、一階はカフェになっている。二階から上が客室で、白壁と黒い柱のコントラストはまるで蔵の中の隠れ家にいるようだ。

とりあえず荷物をフロントに預け、駅前のタクシー会社に向かった。急に取材旅行を思い立ったこともあり、当日はレンタカーを借りなかったのだ。タクシーに乗り込み、鳥居三十郎が切腹した塩町の安泰寺（地図③）へ向かった。

世界初の鮭の自然孵化に成功

村上城（地図④）は臥牛山《がぎゅうざん》に築かれ、その麓にかつて城下町が広がっていた。今も城下には商店街があり、駅前よりそちらの方が賑わっている。城郭がある街は、えてしてこのパターンが多い。繁華街と鉄道の駅が離れているのだ。明治時代、城下の市街地に鉄道が通るのを嫌い、離れた場所に駅をつくらざるを得なかったからである。私が知る限り、鉄道駅のすぐ前に城があるのは福山城（広島県福山市）くらいだ。

村上駅から村上城の麓までは歩いて二十五分かかり、城のてっぺんに登るにはその倍の時間が必要だ。ただ安泰寺がある塩町は城下でも駅寄りにあり、駅から徒歩十五分ほど。とはいえ、長旅の疲れと満腹で歩く気がしなかったので、ついタクシーを使ってしまった。

安泰寺の門前には、「鳥居三十郎先生 菩提寺」と記された木標が立っていた。すでにご住職には取材のアポをとってある。

本堂の居間でいろいろ話をうかがったが、寺には切腹の様子を語る史料はなく、伝承も詳しく伝わっていないとのこと。三十郎が切腹したという境内の一角に案内していただいた。かつてはここに建物があり、屋内での自刃だったという。跡地には三十郎の供養塔と本人の辞世の歌碑が立つのみで、取材は期待していたほどの収穫を得られなかった。

安泰寺を辞し、タクシーを捕まえるために大通りに出ると「イヨボヤ会館 こちら」という看板が目に止まった。イヨボヤが何を意味するのか気になり、イヨボヤ会館(地図⑤)へ向かってみる。塩町の交差点を三面川《みおもてがわ》方面に進むと、外壁がピンク色の大きな建物が見えてきた。その正面に、十メートルはあろうかという巨大な鮭の模型が張りついている。

イヨボヤとは鮭を指す方言で、この会館は日本初の鮭の博物館だという。秋になると近くを流れる三面川には無数の鮭が遡上してくる。すでに平安時代には朝廷に税として献上した記録が残っているほどで、村上地方は鮭の特産地なのだ。

江戸時代の村上藩にとっても、鮭は大きな財源だった。秋になると漁場の入れ札が行われ、その収入で藩庫が潤った。しかし江戸中期になると乱獲により漁獲量が減ってしまう。この窮地を救ったのが村上藩士の青砥武平治《あおとぶへいじ》である。生まれた川に戻る鮭の習性を利用し、三面川に産卵のための分流(種川)をつくったのだ。

きちんと産卵場所を確保し、稚魚の保護に取り組んだことから、その後は安定的に捕獲できるようになり、税収が二千両を超える年も珍しくなくなった。これは、世界初の鮭の自然孵化システムだと言われている。

イヨボヤ会館では、そうした村上地方の鮭の歴史をパネル展示やシアターで詳しく学ぶことができる。館内には人工孵化場もあるが、一番の見どころは産卵のために遡上してきた鮭やウグイを、三面川の分流に設置された館内の窓から観察できることだ。興味のある方はぜひ訪問してみてほしい。

村上地方ではとれた鮭を塩引きにする。塩引きは、一般的な塩漬けの新巻鮭の製法とは異なる。内臓をとり除いて塩漬けにした鮭を水に浸して塩を抜き、それを軒下に吊して寒風で乾燥させ、熟成によるうまみを引き出すのだ。

秋から冬にかけて村上城下を歩くと、多くの家の軒先にずらりと鮭が吊してある。特徴的なのは、頭部ではなく尻尾を上にしてぶら下げてあることだ。

かつて、女優の吉永小百合さんが村上を訪れ、ＪＲ東日本のポスターやＣＭがつくられたので、屋敷の軒先に

塩引き鮭は軒下で北西の冷たい風に三週間さらされ、
ゆっくり発酵が進むという

下げられた塩引き鮭の光景を覚えている方がいるかもしれない。

塩引き鮭は薄くスライスして酒に浸す「酒浸し」という肴で出てくることも多い。私も食べてみたが、格別なコクがあってとにかくごはんが進む。ちなみに村上地方には塩引き

鮭やハラコ丼のほか、百種類以上の鮭料理があるというから驚きである。

登るかいがあった村上城からの絶景

イヨボヤ会館からタクシーに乗り、約五分で村上城が置かれた臥牛山に着いた。独立した山で、臥《ふ》した牛の姿に見えることからその名がついたという。地元ではお城山と呼ばれている。戦国時代、村上城は本庄繁長が拠点にしており、仕えていた越後の上杉謙信に反旗を翻した際、ここに籠城して謙信の攻撃をしのぎ続けた。ただし、鳥居三十郎の時代になると、山の上には立派な城郭があったものの、藩の政庁や藩主の居所は山麓の二の丸に置かれるようになった。

臥牛山の標高は百三十五メートルだというが、麓から山を眺めたとき、その傾斜のキツさに思わずため息が出た。つづら折りになった急坂をうねうねと進んでいくと、道路脇に「熊注意」の看板があり、しかも途中で出会う人たちがみんな鈴をつけているではないか。

近年、熊に襲われる被害が急増しているが、さすがに私も恐ろしくなり、駆け上るようにして山頂へ急いだ。しばらく行くと、見事な石垣が現れてくる。それを眺めながら一〇分ほど進むと、頂上部（本丸）に到達した。

村上城には思った以上に見事な石積が残存していたが、さらに素晴らしいのは、本丸跡

村上城跡から村上市街を望む

から眺める景色だった。城下のみならず、その先に煌《きら》めく大海原が広がり、海のはるか彼方に佐渡島がかすんでいた。まさに絶景だ。

臥牛山を下り、かつての村上城三の丸の南端へ向かう。ここに城の鬼門封じとして藤基《ふじもと》神社（地図⑥）が鎮座する。村上藩は江戸時代、何度も支配者が代わっている。幕末に村上を領していた内藤氏が入封したのは享保五年（一七二〇）のこと。内藤家初代の内藤信成は徳川家康の異母弟で、多くの軍功を上げ、駿府城や長浜城を支配していた。その信成の孫にあたる弌信《かずのぶ》の時代、村上城主（五万石）となったのである。

藤基神社は始祖・信成を権現として祀る社だ。もともとは江戸屋敷にあったが、嘉永二年（一八四九）、信親が藩主のとき現在地に移座された。五万石大名の社殿としては豪華すぎる総檜の権現造りで、村上藩士たちの自慢のたねであり、心の拠り所でもあった。また、いざというときには防御拠点となるのだろう、今でも境内には土塁跡が残る。

この藤基神社と道を挟んで反対側に村上藩家老・鳥居家の屋敷があり、三十郎もここに住んでいた。その痕跡を探すためにやって来たものの、住宅街が広がるばかりで石碑などは残っていなかった。

資料集めは難航するも温泉を満喫

藤基神社にお参りしたあとは、三十郎の墓がある宝光寺（地図⑦）へ向かった。はっきり覚えていないが、二十分以上はだらだらと歩いたと思う。

安泰寺で切腹した鳥居三十郎の亡骸は、その日のうちに宝光寺に運ばれて埋葬された。この寺には、先に紹介した鮭で有名な青砥武平次の墓所もある。

本堂の脇を抜けて階段を上がり、さらに山道を行くと両側に無数の墓石が林立していた。苔むした墓石や倒れたままの石塔も少なくない。そのなかに、高さ三、四メートルもある「鳥居三十郎先生御墓所」というプレートのついた白い鉄製の柱が立っている。三十郎の百回忌（昭和四十三年）に建立されたもので、半世紀を経て鉄さびが浮き出ていた。三十郎の墓はその真横にあり、恵昭院文明憲徳居士という戒名が刻まれていた。

お彼岸でもお盆でもない時期にやってきたので、墓地を訪れる人もなく、音のない死者の世界に入り込んだようだった。何となく怖くなって、そそくさと墓地をあとにした。

続いて、鳥居三十郎の遺品が展示されているという「おしゃぎり会館」（村上市郷土資料館・地図⑧）へ向かった。何か資料が手に入るのではないかという期待があった。

「おしゃぎり」とは、村上大祭（村上市羽黒町にある西奈彌羽黒《せなみはぐろ》神社の例大祭）で曳き回される屋台の名前である。会館一階には三台の美しい屋台が展示されている。

私の見たいものは館内二階にあった。村上藩の歴代藩主の甲冑や刀、史料に加え、鳥居三十郎の遺品が展示されているのだ。実際に行ってみると、鳥居家の太刀、三十郎の財布、印鑑などが陳列されていた。それを目にしたとき、初めて人間としての三十郎の体温に触れた気がして、私の中での彼のイメージが膨らんできた。

残念ながら、ここでも三十郎に関する資料集などは作成されていなかった。せっかく現地に来たのに、なかなか材料が集まらないのは作家としてなんとも歯がゆい。

おしゃぎり会館に隣接するまいづる公園には、村上地方の古い建築物が移築されており、ついでに見学していると、ガイドさんが「もう瀬波温泉（地図⑨）には行ったか」と尋ねてきた。

「駅から遠いので、行く予定はない」と答えると、「ぜひ行くべきだ」と言って、その場で友人に電話をしてくれ、その方が温泉まで車で連れて行ってくれた。旅先での親切は嬉しいが、まさか温泉に入ることになるとは思わなかった。

宿泊客でなくても、千円くらいでホテルでの温泉入浴が可能だという。すすめられたホテルは、大浴場の中にいくつもの浴槽がある、すばらしい施設だった。午後四時という中途半端な時間だったためか、客は私一人だったので、美しい海を眺めながら至福の時間を満喫することができた。

ただ、帰りの足がなかった。公共バスがないかと大通りに出てみると、ちょうどバスは行ったばかりで、あと一時間近く来ない。途中でタクシーを拾えばいいと歩き始めたが、結局は村上駅まで歩くことになり、すっかり湯冷めしてしまった。

それにしても今日はよく歩いた。スマホを調べるとなんと二万五千歩、十七、八キロも歩いている。夕食は近くのラーメン屋ですませ、そのまま宿に入りすぐに寝てしまった。

主戦派と恭順派のいがみ合い

翌日、朝七時に一階のカフェで朝食をすませ、駅前でレンタカーを借りて出発した。今日は、鳥居三十郎が主戦派を率いて向かった庄内地方（山形県鶴岡市）を巡る予定だ。

まずは鶴岡市関川を目指す。関川は庄内藩軍と新政府軍の激戦地で、その痕跡が関川戊辰役古戦場跡（地図⑩）として残っている。

庄内藩側だけで五十四名もの犠牲者を出した戦いだったが、村上藩士四名も戦死している。特殊なのは、この戦いで村上藩が敵味方に分かれて争ったことである。戊辰戦争において、同じ藩の家臣たちが同士討ちをした例を私は知らない。その原因をつくったのが鳥居三十郎なのである。

先述の通り、村上藩は家康の異母弟である内藤信成を祖とするため、鳥羽・伏見の戦いで旧幕府軍が敗れてからも徳川方に心を寄せる藩士が多かった。しかし、江戸にいた前藩主の内藤信親（幕府の元老中）は新政府への恭順姿勢を貫き、国元の藩士に新政府に従うよう鳥居三十郎を通して厳命した。

だが、三十郎は主戦を叫ぶ藩士を説得できず、逆に国元の家老たちは三十郎を江戸の信親のもとに派遣し、村上に戻ってきてくれるよう懇願させたのだ。ところが信親は、前将軍徳川慶喜から江戸城の留守居役を命じられたことを理由に帰国を拒否。十八歳の現藩主・信民（信親の養子）を送ったのだ。信民にとっては初めてのお国入りであった。

信民は、新政府への恭順を藩士たちに諭すが、大藩である会津藩や庄内藩の圧力もあり、村上藩は奥羽越列藩同盟に加わることになってしまう。信民は家中をまとめようと努力するが、藩内は主戦派と恭順派に分かれていがみ合うようになる。

明治元年（一八六八）六月には恭順派の家老である久永惣右衛門らが失脚し、主戦派の鳥居三十郎が藩の実権を握った。惣右衛門は三十郎の義父（妻の実父）である。これを見ても、いかに村上藩が混迷を極めていたかがわかるだろう。

戦況は、日ごとに奥羽越列藩同盟軍が劣勢となっていった。こうした状況に懊悩した村上藩主・内藤信民は、なんと七月十五日に自ら命を絶ってしまったのである。

これを知った江戸の信親は国元へ向かおうとするが、戊辰戦争のために途中で足止めを余儀なくされ、終戦まで信濃国岩村田藩に滞在していた。ただし、海路を使えば村上入りはできたと思われ、おそらく信親には家中をまとめる自信がなく、道が閉ざされたことを理由に動かなかったのだと考えられる。

恭順した村上藩士は新政府軍の先鋒に

七月末、隣接する新発田藩が突如として新政府方へ寝返り、続々と新政府軍が新発田に集結し始めた。こうしたなか、主君を失った村上藩では動揺が広がり、恭順派が急速に台頭する。すると、酒井正太郎率いる庄内藩軍（同盟方）が村上城下に入り込み、軍事演習をするなどのデモンストレーションを繰り広げた。庄内藩は会津藩とともに新政府から朝敵とされ、討伐の対象になっていた。そのため、村上藩が寝返ることを警戒したのである。

しかし庄内藩の威圧も新政府軍が大挙して藩境に迫ると効果がなくなり、酒井らは「とても村上軍とは共に戦えない」と言い残し、城下から去ってしまった。

八月十一日、ついに新政府軍が村上藩の領内に侵入してきた。

このとき村上城の鐘が激しく打ち鳴らされ、これを合図に城下の桜馬場（二の丸の一角）に全藩士が集まった。藩士の大勢が降伏に傾いていることを見てとった三十郎は、「去就は各自に任せる」という驚くべき宣言を発し、主戦派だけを引き連れて隣国の庄内藩へ向かったのである。一方、残った村上藩士は城下を離れ、郊外や山中に身を潜めた。村上城はこのとき、藩士の手によって焼き払われた。

同日、侵攻してきた新政府軍が焼失した村上城と城下を占拠する。新政府軍が危害を加えないことがわかると、村上藩士は続々と新政府に投降した。武家の習いとして、恭順した村上藩士は、朝敵である庄内藩への攻撃に先鋒として動員された。

一方、三十郎ら村上藩主戦派は、酒井正太郎らが率いる庄内軍と合流した。

庄内藩の南端は出羽国（山形県）と越後国（新潟県）の境で、国境線には日本海側から東へ向かって日本国、芋沢山、雷峠《いかづちとうげ》といった五百メートル級の険しい山並みが一直線に続く。そんな山岳地帯から出羽国側（北）へ一、二キロ内側に入ったところに、山並みと併走する形で街道（現在の国道３４５号線）が東西に貫いている。街道沿いには日本海側から鼠ヶ関《ねずがせき》港、小名部村、小俣村、関川村、雷村などの集落が点在していた。

鳥居三十郎ら主戦派は酒井正太郎の指揮下に入り、塹壕をあちこちにつくって国境の村々を守ることになった。

そんなところに村上城下から新政府軍が襲来、各所で戦いが始まったのである。

八月二十六日早朝には、村上藩士の同士討ちという悲劇が起こってしまう。

遠くから恭順派の牧大助（四十三歳）を見つけた主戦派村上藩士たちは、「牧がいる。牧がいる」と叫んで集中砲火を浴びせかけたという。結果、牧と関菊太郎（二十六歳）の二名が戦死した。

庄内藩は必死の抵抗を試みる

その後、三十郎ら主戦派村上藩士たちは、国境西端の鼠ヶ関（地図⑪）方面に配置された。新政府軍はそんな鼠ヶ関を攻めあぐみ、出羽街道沿いにある関川村に大軍を投入し、村を奪い取って庄内侵攻の拠点にしようと兵力の集中を始めた。

そこで庄内藩は関川村と雷村の間に塹壕をつくり、主戦派村上軍の一部も警備に回ったが、やがて関川は新政府の大軍に囲まれてしまう。このとき主戦派の梅沢喜三郎は足を撃たれて歩行が困難となり、剣の達人だった篠田甫作に介錯を願った。敵に見つかればなぶり殺しになる。そう判断した甫作は一刀で喜三郎の首を落とした。喜三郎はまだ十六歳だった。浅井土左衛門も敵の捕虜となったが、服従を拒否したためその場で斬り殺された。

こうして関川村に新政府軍が侵入し、九月十一日には占領されてしまう。庄内藩領で新政府軍に奪われたのはこの村だけだったため、庄内藩はプライドにかけて関川の奪還をたびたび試みた。翌十二日には、越沢と小鍋の二方向から関川村への侵入を図るも失敗する。九月十六日にも山の細道を辿って関川へ入ろうとしたが、新政府軍の逆襲にあい、攻撃に加わった村上藩士の八幡万里之助が被弾。そのまま前進を続けたが、さらなる銃弾を浴びて命を落としてしまった。壮絶な最期だった。この際に佐藤文吾も戦死した。さらに、二十日にも戦いを仕掛けたが、結局庄内藩は関川村を取り戻すことができなかった。

ただし、庄内藩は新政府の大軍に一歩も引かず、この関川村以外は最後まで領内への侵入を許さなかった。驚くべき強靭さである。

のどかな山村に残る戊辰戦争の痕跡

村上駅から鶴岡市関川までは、車でゆうに一時間以上かかる。おすすめは国道345号線を通るルートだ。左手にずっと海原が続く海沿いの道で、走っていて気分が爽快である。途中、多くの奇岩や洞穴などが集中する「笹川流れ」という国の名勝兼天然記念物がある。また、海水浴場や漁港、温泉地なども数カ所あり、立ち寄って楽しむこともできる。

このときは時間的な余裕がなかったので先を急いだ。海沿いの道はJR勝木駅あたりで国道7号線と合流、さらに海沿いを進んで鼠ヶ関で右折すると、なぜか再び国道345号線となる。数分ほど行くと、人家が失せて両側は田んぼ、その奥は山である。しかもだんだん道幅は狭くなり、「熊注意」の看板も現れた。ときおり田園やビニールハウスもあるが、ほとんど車とすれ違わず、人も歩いていないので少し心細くなってくる。

無数の奇岩、絶壁、洞穴が連続する
国道345号線沿いの「笹川流れ」

それでも進んでいくと突如、数十軒ほどの小さな集落が現れる。旧小名部村である。戊辰戦争の際、庄内藩と新政府軍の激戦があったというが、とても想像できないほどのどかな景観だ。車を降りて少し散策したが、戊辰戦争にまつわる碑は見つからなかった。

再びうねうねとした道を車で進む。やがてセンターラインも消え、完全な山道になった。左側が山、右手が崖という地形が続き、道幅は車がすれ違うのも難しいほど狭い。誤って転落しても助けは当分こないだろう。そんな道を二十分ぐらい走っただろうか、道路の右側に二階建ての大きな建築物が現れる。「関川しな織センター」

羽越本線の普通列車で車窓からの風景を眺めつつ、
のんびり移動するのも一興だ

である。

ここでは、関川地域の伝統工芸品である「しな織」が展示、販売されている。しな織とは、しなの木（アオイ科シナノキ属）の皮を糸にして織る布で、その体験もできる。できれば見学したかったが、そこはこらえて近くにある関川戊辰役古戦場跡で車を止めた。

数台分の駐車場が用意されている。跡地には大きな石碑や戦死者の名を刻んだ石版が建てられ、当時の戦況がわかる地図や解説板もある。隣接しているのが薬師神社だ。近くの川の清流が音を立ててほとばしっている。夏であれば、水遊びも楽しいだろう。

少し関川の集落を歩いてみた。四十戸ほどだというが、かなり空き家も目立った。ちょうどスーパーの移動車が来ており、ご老人たちが数名集まって買い物をしていた。みなさん、私に気づいて会釈してくださった。

おそらく、戊辰戦争で戦った人々が見た景色も今とそれほど変わらないはずだ。この地で足を負傷し、命を散らした十六歳の梅沢喜三郎は、その末期に何を思ったのだろうか。

防衛の拠点となった鼠ヶ関での戦い

弁天島には鼠ヶ関灯台と金比羅神社の鳥居がある

しばし感慨に耽ったあと、来た道を四十分かけて戻り、再び海沿いの道に出た。越後（新潟県）と出羽（山形県）の境、鼠ヶ関である。朝廷の関所が置かれたことでその名は古代から知られており、白河関、勿来関《なこそのせき》と合わせて奥羽三関と呼ばれた。

鼠ヶ関川の河口に開けた鼠ヶ関港もある。弁天島やミカノ島などいくつもの小島に囲まれた良港なので、江戸時代には北前船の寄港地として繁栄した。あの源義経が弁慶とともに舟で上陸し、ここから奥州へ向かったという伝説もある。

室町時代に成立した『義経記』では、歌舞伎で有名な勧進帳の場面は加賀の安宅《あたか》の関ではなく、この鼠ヶ関（念珠《ねず》ヶ関）を通過する際の出来事だとしている。現地には「源義経上陸の地」の碑もある。

鼠ヶ関は、庄内藩にとって藩領の南端を守る極めて大事な防衛拠点だった。そのため鳥居三十郎ら主戦派村上藩士たちは、主にここを拠点として新政府軍と戦った。陣地の構築が始まったのは七月末のこと。軍学師範の中村三内が村々から人夫を集め、突貫工事で三カ所に堡塁をつくった。三十郎が来たときは、すでに要塞と化していたことになる。

鼠ヶ関では、鼠が食い荒らしたような穴があちこちに空いている鼠喰岩《ねずみかじりいわ》あたりでたびたび激しい戦闘が行われた。この奇岩が、庄内藩にとって関と港を守る最前線だった。ただし、もう岩は残っていない。国道整備の際に姿を消してしまった。

新政府軍は海からも激しい艦砲射撃を行ったが、ついぞ鼠ヶ関を抜くことはできなかった。鳥居三十郎は、ある日の鼠喰岩での戦いを陣中日誌として次のように記している。

「暁八ッ半頃（午前二時すぎ）より山之手炮発相始り、五ッ半過（午前八時すぎ）より浜手之方えも押寄せ鼠喰岩にて防禦、賊徒（新政府軍）中浜辺より手前の方え押詰め、山之手えも追々相廻る。賊、大炮中浜大蔵脇より三ヶ所にて打出し、夕七ッ時（午後四時）頃より追々引色に相成、七ッ半頃（午後五時）賊敗走に相成り候に付、鼠喰岩之方より追討、下村一馬、佐藤龍作、賊之首級《しるし》を得候。分捕左の通。暮合戦争相済、味方都而勝利」

この陣中日誌には、主戦派村上藩士たち百名分の名前が記載されているが、うち栄太郎、平吉、忠平、八太郎、捨蔵、寅次郎の六名だけは名字が記されていない。おそらく彼らは武士ではなく、農民か町人なのだろう。部隊に庶民が交じるというのは、ひと月前の村上藩士には思いもよらなかったはずだ。

村上藩は武士と町人の別が厳然としており、身分の差が激しい。それは、明治になっても変わらなかった。だが三十郎は、その六名の肩書を「有志」と記している。志を有する者という字面から、三十郎が彼らを同志として対等に遇していたことがわかる。おそらく、庄内藩の人々に触発されたのだろう。

庄内藩には豪商で大地主の本間家があり、同家がその財力でたびたび藩の財政難を救い、領民たちの生活も保証してきた。そのため、「本間様には及びもせぬが、せめてなりたや殿様に」という言葉が残るほどだ。

当然、庄内藩士たちにもそうした感情があり、農民や商人に対する偏見が小さかった。本間家のおかげで税が軽いこともあり、領民たちも庄内藩を信頼していた。天保年間には庄内藩主の酒井氏に転封命令が出たが、領民は集団で江戸に直訴したり、周辺諸藩に哀訴したりして、ついに幕府の命を撤回させている。

さらに驚くべきは、戊辰戦争で戦った庄内兵の過半数が農民や町人出身者だったことだ。武士と領民が一体化して国土の防衛に必死になっている状況を目の当たりにして、鳥居三十郎たち保守的な村上藩士も考えをあらためたのだろう。

鳥居三十郎が他国で戦う道を選んだ真意

鼠ヶ関に到着したとき、すでに午後一時をすぎていたので、海の見える鮨屋（朝日屋）に入った。昼食は、地元の新鮮な魚介を使った鮨八貫と海老汁をいただいた。店内には魚拓、木の根っこ、古い瓦、木製の招き猫、有名人のサインなどがあり、本棚には古美術関係の全集も並んでいる。店主の趣味なのだろうが、味があるというか、なんとも不思議な空間だった。

座敷で腹を満たして一服したあと、ようやく鼠ヶ関での取材を始めた。せっかくなので、近くの弁天島、厳島神社、マリーナ、念珠の松、そして町中を散策した。あちこちに可愛い服を着たお地蔵さんがたたずんでいるのが印象的だった。

端芳院という曹洞宗のお寺では、屋内に展示されている砲弾を見せてもらった。戊辰戦争の際、新政府軍の軍艦が弁天島の沖合から放った一弾だ。弾は境内のケヤキにめり込み、建物は被害を免れたという。

前述の通り、庄内軍は最後まで鼠ヶ関を守り通したが、庄内藩以外の奥羽越列藩同盟の藩がすべて敗北したため、やむなく庄内藩も新政府に降伏した。

そこで三十郎たちはいったん庄内城下の鶴岡に入るが、十月に村上城下へ戻ることになった。途中、鼠ヶ関で止宿していた八十郎方に立ち寄り、世話になった礼を述べ、自分が身につけていた緋色の陣羽織を与えたという。

村上に戻った三十郎は、鷹匠町の善龍寺（地図⑫）へ入った。新政府軍に刃向かい藩の立場を悪くした首謀者として厳しく扱われることも予想されたが、意外にも身柄を拘束されたり、差し料を奪われたりするなどの屈辱はなかった。善龍寺の本堂は今も当時のままの姿をとどめている。この取材から三年後に私も善龍寺を訪問したが、思った以上に大きな堂だった。

鼠ヶ関の取材では最後に公民館を訪れた。三十郎の緋色の陣羽織が、今も鼠ヶ関公民館に保管されているという話を聞いたからだ。事実、確かに陣羽織はあった。羽織の背中には真っ白な糸で神社の鳥居の図柄が縫い込まれている。ガラス越しにその実物と対面したとき、「本当にこの人は、ここまで来て戦っていたのだ」という実感がわき起こってきた。

それにしても、新政府軍が村上に迫ってきたとき、なぜ鳥居三十郎は主戦派を引き連れて藩から離脱し、他国で戦う道を選んだのか。

一つは徳川譜代としての、武士の意地を見せるためだったのだろう。

ただ、それだけだとは思えない。それが目的なら、領内に入り込む敵と徹底的に戦って散ればいいからだ。

おそらく三十郎は、村上城下を戦火から守りたいと考えていたのではないだろうか。

主戦派が村上の地から離脱すれば、残った者たちはおとなしく新政府軍に降る。新政府が降伏者に対してひどい扱いをしないことは、他藩の降伏の状況を見てわかっていたはず。そこで、三十郎はあえて主戦派だけを引き連れて村上を去ったのではないか。

今も村上市の人々の多くが、そう考えている。

実際、三十郎は戦後に姿をくらますことなく村上へ戻り、戦争の責任を一身に背負って粛々と切腹している。

村上市にある日本最後の即身仏

鼠ヶ関公民館の館長さんは大変歴史に詳しく、親切にも戊辰戦争関係のさまざまな資料を提供していただいた。

鶴岡での取材を終え、再び村上に帰った。すでに午後四時近くになっていたので急いで村上市図書館に行き、多くの郷土資料を職員の方にコピーしてもらった。三十冊近くあったので、きっといい迷惑だっただろう。午後七時の閉館時間ギリギリになってしまった。

明日は村上の商店街を少し散策して、観音寺（地図⑬）で日本最後の即身仏を拝んだあと、午前中に東京へ戻るというプランを立てていた。

即身仏とは、仏海上人のことである。仏海は村上城下の商家に生まれたが、十六歳のときに背負っていた近所の子を落としてしまい、ショックのあまりそのまま出家してしまう。出羽三山の一つである湯殿山などで厳しい修行を行い、文久三年（一八六三）あたりから木食行《もくじきぎょう》を始めた。五穀を絶ち、木の実や草だけで命をつないだのである。戊辰戦争のころは庄内藩の寺にいたが、明治維新後は故郷の村上に戻り、観音寺の住職となった。それからの仏海は、お布施などはすべて貧しい者や役場に寄付して多くの人々を救った。そして晩年になると、即身仏になるべく漆《うるし》を飲み始めた。体内からの腐食を防ぐためである。そして明治三十六年（一九〇三）、入定した。

三年後に遺体を土中から引き上げるよう遺言していたが、法律で禁止されていたこともあり、その願いは果たされなかった。五十七年後の昭和三十六年（一九六二）、ようやくご遺体は引き上げられ観音寺に安置された。その尊いお姿をひと目見たいと思ったのだ。

辞世の歌からわかる若き藩主への思い

だが、急きょ予定を変更することにした。

夜、旅館の部屋で図書館の資料を整理していたところ、鳥居三十郎が切腹したお堂が村上市街の北にある本門寺（地図⑭）に移築され、現存することがわかったのだ。安泰寺を取材したとき、お堂は完全に撤去されたものと思い込んでいた。まるで三十郎に「俺の最期の地を見に来てくれ」と呼ばれているような気がした。

ただ、本門寺は平成二十年（二〇〇八）に村上市と合併した岩船郡朝日村地区にあり、徒歩で行くことはできない。そこで、再びレンタカーを借りることにした。

本門寺はとにかく境内が広かった。今回はまったくアポもとらずに本門寺へ出向き、ご住職に部屋の拝観を願い出た。幸い、人柄のよさそうなご住職夫妻は快く承諾してくださり、本堂の前に続く三十郎の間に入れてもらうことができた。

室内はひんやりした空気が漂い、シンと静まり返っている。十畳ほどの部屋だが、柱や貫がとても太く、驚くほど天井が高かった。

床柱が切断されており、そこからも安泰寺から移築された堂宇《どうう》とわかる。床の間には釈迦涅槃図がかけられており、右に南無妙法蓮華経と書かれた掛け軸、左手に和歌がちりばめられた掛け軸がある。

私は部屋の真ん中にあぐらをかいて、しばらく室内にたたずんだ。

掛け軸のさらに上へ目を転じると、「国家」と大書された額縁がかかっている。戊辰の北越戦争は、新しい国家が生まれるにあたっての激しい陣痛だといえた。その痛みに耐えきれず、村上藩主は自ら命を絶ち、藩士たちは二派に分かれて対立した。新政府の大軍が迫り来るという絶体絶命の窮地において、鳥居三十郎という若き家老は主戦派だけを率いて城から脱し、敵に一矢報いる決意をした。そして実際、鼠ヶ関において三十郎率いる村上藩軍はすさまじい活躍を見せ、ついに終戦まで敵を寄せつけずに砦を守りきった。武士の意地を見せたのである。

この部屋にたたずんでいるうち、そんな三十郎の思いが伝わってきた気がした。

「去年の秋 さりにし君のあと追ふて なかく彼の世に事ふまつらむ」

これは、切腹に際して三十郎が詠んだ辞世の歌である。

君とはもちろん、自裁した若き村上藩主・内藤信民のことであろう。

信民は藩士たちを新政府に恭順させるために国元に赴いたものの、時勢のためにそれがかなわぬことに懊悩して自ら命を絶った。最終的には主戦派となった三十郎だが、そんな若く温厚な藩主を心から慕っていたことがわかる。

歴史小説と共に生まれたいくつもの出会い

本門寺のご住職は何人もの郷土史家の方を紹介してくださり、私は急きょ電話や対面でお話をうかがうことができた。そういった意味では、ご住職との出会いがなければ私の著作は完成しなかったかもしれない。

ただ二十九歳という三十郎の短い生涯のうち、彼の詳しい記録や史料が残されているのは戊辰戦争の一年足らずの期間だけであり、評伝を書くには足りなかった。

しかし、三十郎を書くことをあきらめたくはない。すると担当編集者から、「評伝が難しいなら小説にすればいい」という目からウロコのアドバイスがあった。私はそれまで小説を書いた経験はなかったが、そのアドバイスを受け入れることに決めた。

執筆を開始したものの、慣れない小説をどう形にするか行き詰まっていたある日、一人の女性から電話があった。「宵《よい》の竹灯籠《たけとうろう》まつり」の実行委員をされている方だという。この祭りでは、地域活性のために村上城下の小路を多数の竹灯籠でライトアップし、さまざまな出し物が行われる。聞けば、この年（二〇一七）十月の祭りで、私の小説の出版記念講演&サイン会を行いたいという。半年前のこの段階で小説は完成していなかったが、引き受けることにした。是が非でも小説を刊行しなければならなくなるからだ。

時を経て、幾度もの試行錯誤のすえ、『窮鼠の一矢』（新泉社）という小説を完成させることができた。私としては初の歴史小説である。

講演は鳥居三十郎が切腹した安泰寺で行うことになった。人が集まるか心配だったが、二百名近い方々に足を運んでいただくことができ、本堂は熱気であふれるほどだった。

実行委員会の方々は、私のためにサプライズを用意してくださった。なんと、三十郎が着ていた真っ赤な陣羽織を、鼠ヶ関公民館から講演会場に運んできてくれたのである。まるで鳥居三十郎が横にいるような錯覚を覚えながら、私は夢中で彼の生きざまを話した。

講演会の翌日、私は再び本門寺へうかがった。いろいろな人に紹介してくれたご住職夫妻にご挨拶したかったからだ。ここまでこられたのは、この人のおかげだという思いがある。このときも三十郎が切腹した堂内に入れていただいた。床の間には、なんと私の小説が供えてあった。それを目にしたとき、恥ずかしながら涙があふれてきてしまった。おそらく、この日のことを一生忘れることはないだろうし、この縁をこれからも大切にしたいと感じた。

それから一年半後、本門寺のご住職は残念ながら病のために急逝された。葬儀に参列させていただいたが、そこにはこの村上の地で顔見知りになった多くの人たちがいた。そのなかの一人（パン屋さん）が会長となり、水牛舎と称する郷土史研究会が発足した。私の講演を機に、地元の歴史に興味を持ってくださったのだ。

縁もゆかりもない鳥居三十郎という男にたまたま興味を持ち、見知らぬこの土地を訪れたことが、これほど多くの人たちの出会いにつながったのだ。そういった意味で、縁《えにし》というのは、つくづく不可思議なものだと思う。

プラン（六）

天明の飢饉から領民を救った
知られざる名代官、山村蘇門

木曽の旅

地図1 木曽路

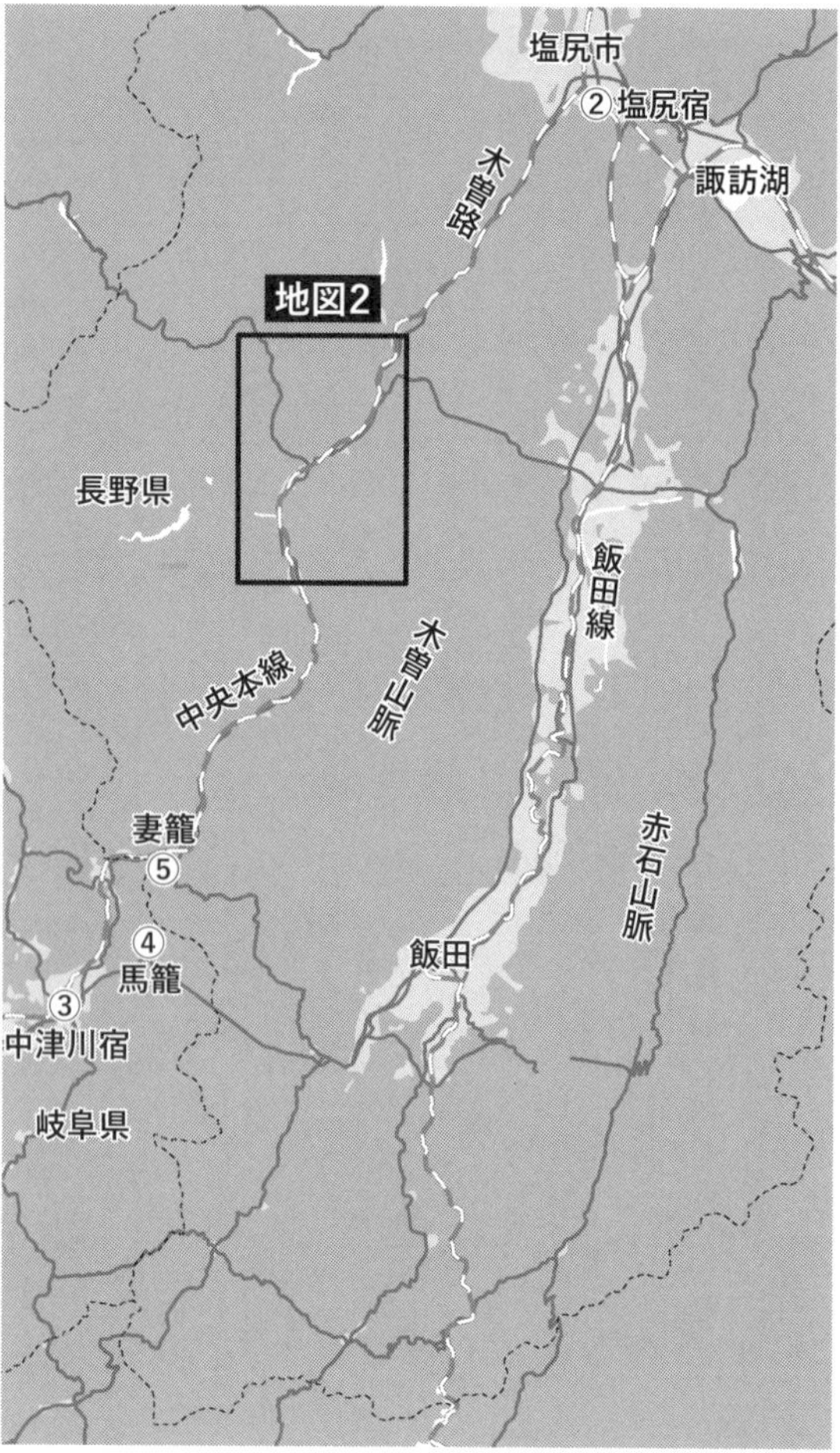

塩尻市
②塩尻宿
諏訪湖
木曽路
地図2
長野県
飯田線
木曽山脈
中央本線
妻籠
⑤
④
馬籠
③
中津川宿
岐阜県
飯田
赤石山脈

地図2 福島関

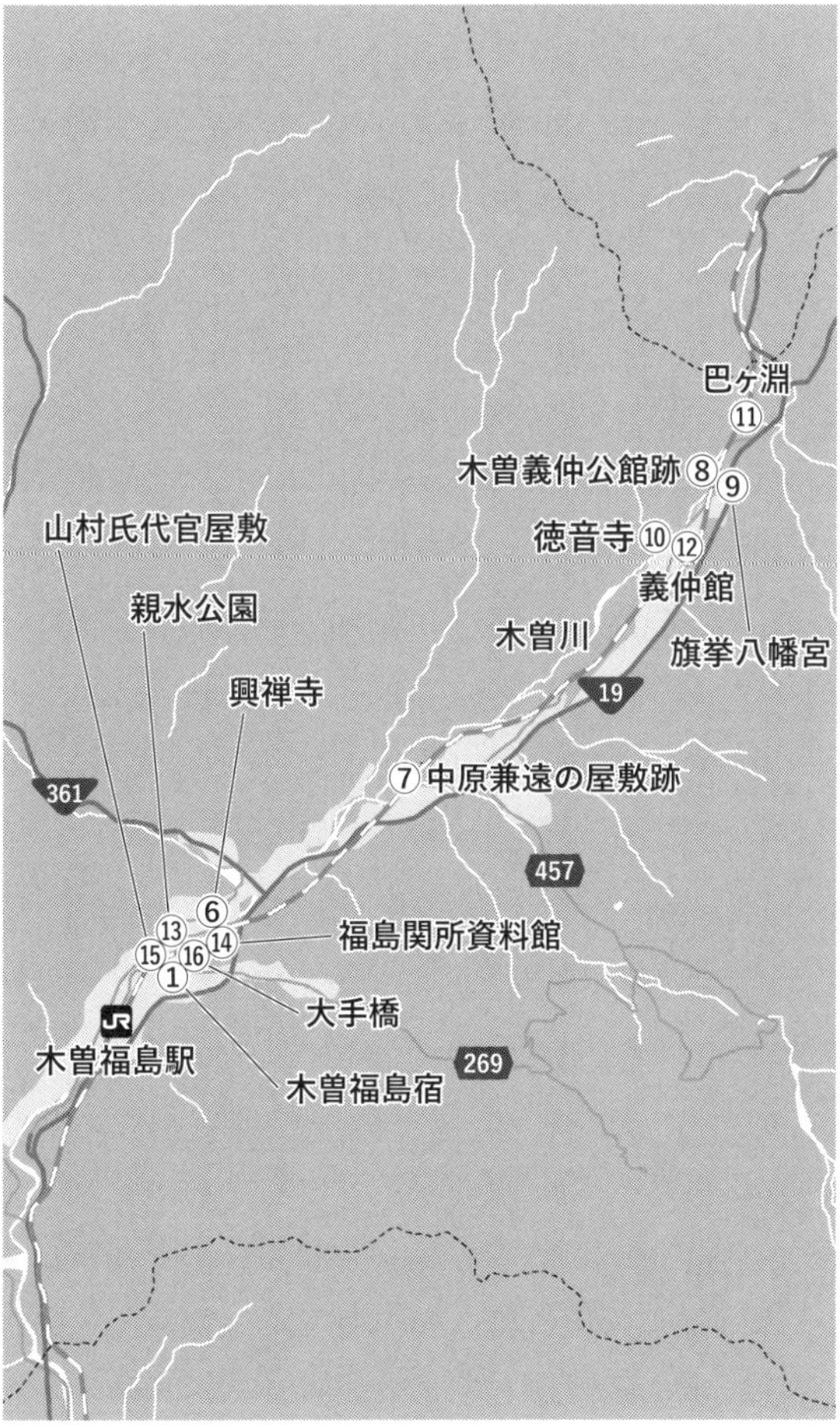
巴ヶ淵
⑪
木曽義仲公館跡 ⑧
⑨
徳音寺 ⑩
⑫
義仲館
旗挙八幡宮
山村氏代官屋敷
親水公園
木曽川
19
興禅寺
⑦ 中原兼遠の屋敷跡
361
457
⑥
⑬
⑭
福島関所資料館
⑮
⑯
①
大手橋
木曽福島駅
269
木曽福島宿

『夜明け前』の舞台、木曽路の宿

二〇二三年十一月一七日、午後四時に都内で講演会を終えたあと、すぐに東京駅から新幹線で木曽町へ向かった。翌日の講演会が午前九時からだったので、いったん自宅に戻る余裕がなかったのだ。名古屋駅で特急しなのに乗り換える。乗り換え時間はわずか十五分だったが、ホームの食堂で名物の温かいきしめんをすすった。気温は十度。十日前に行った金沢は夏日だったが、この日、一気に列島全体が冷え込んだ。食べ終わってすぐ電車に乗り、木曽福島駅に到着したときには午後八時をすぎていた。

思っていた以上にこぢんまりとした駅だった。改札を出て目の前にある通りは旧中山道（長野県道269号線）だ。かつてこの木曽福島駅周辺は、中山道沿いの木曽福島宿（地図2-①）という宿場だった。塩尻宿（地図1-②）から中津川宿（地図1-③）までの中山道は、俗に木曽路と呼ばれている。

文豪の島崎藤村は、父の正蔵をモデルにした長編小説『夜明け前』を書いた。正蔵は木曽路にある馬籠宿《まごめじゅく》の本陣（大名などが泊まる宿泊施設）を経営する庄屋（今の村長）だった。『夜明け前』は「木曽路はすべて山の中である」という一節から始まる。木曽町を訪れる前からこのフレーズがずっと頭にあったので、駅舎を出てから広がる山村の風景を楽しみにしていた。だが、すでに日がとっぷりと暮れているうえに、激しく降る冷たいみぞれまじりの雨で視界もきかない。「木曽路はすべて闇の中である」という表現の方がふさわしい状況だった。

駅には木曽町の職員の方が迎えにきており、旅館まで車で送っていただいた。

宿泊したのは、「木曽路の宿 いわや」という三百五十年も続く木曽路でもっとも古い旅館だった。文人や著名人だけでなく宮家も多く泊まった由緒ある旅館で、館内にはその歴史を示すさまざまな品が展示されている。

部屋に入るとすぐ露天風呂へ行き、冷えた身体を温めたが、浴場では外国語が飛び交っている。宿の方に聞くと、最近の宿泊客は日本人より海外の方のほうが多いという。

木曽路というと、馬籠(地図1-④)や妻籠《つまご》(地図1-⑤)の方が観光地としては知られているが、最近の外国人観光客は、あえて穴場を探して木曽福島宿を訪れるのだという。

木曽谷を治めた山村氏のルーツ

中山道の三十七番目の宿場(木曽福島宿)がある木曽町だが、今はわずか人口一万人程度の小さな町である。江戸時代の宿場の人口はおよそ三千人。当時としては、かなり大きな規模だと言える。関所(福島関)が置かれたことで、中山道を往復する旅人は必ずこの宿場

当時の雰囲気を残す福島宿上ノ段の町並み

を通過もしくは滞在するため、賑わっていたのだ。
　木曽福島宿の街道沿いには、馬籠や妻籠のような江戸時代や明治・大正期の建物は、ほとんど現存しない。昭和二年の大火で、街道沿いに密集していた建物があらかた焼けてしまったからだ。とはいえ、戦前の建築物も少なからず残っており、宿場の面影が垣間見える。また、高台にある上ノ段という地区は幸い火災の被害を受けなかったため、密集した古い町並みが残っており、江戸時代の雰囲気を味わうことができる。馬籠や妻籠のように混雑していないので、穴場の観光スポットだと言える。
　木曽福島宿を含めて、この木曽谷は木曽義仲の子孫を自称する木曽氏が代々支配してきた。戦国時代、第十九代当主の木曽義昌は武田信玄に臣従し活躍してきたが、勝頼の時代、いち早く武田から離間して織田信長と結び、武田滅亡のきっかけをつくった。信長の死後は豊臣秀吉、さらに徳川家康に従った義昌だが、天正十八年（一五九〇）、家康が関東に移ると彼も木曽谷を離れて下総国阿知戸《あじど》（現、千葉県旭市）に一万石を与えられた。

ただ義昌の死後は、息子・義利の不行跡《ふぎょうせき》によって木曽氏は慶長五年(一六〇〇)に改易処分となり、戦国大名・木曽氏は滅亡してしまった。

同年、家康は天下分け目の合戦にあたって義昌の旧臣である山村良勝らを抜擢し、木曽谷の攻略を命じた。良勝は見事にその役目を果たしたので、美濃国に一万石を給されることになった。しかし、良勝はこれを固辞して故郷の木曽谷の拝領を願ったのだ。

家康はその願いを了承した。当時、木曽で下賜された石高は六千二百石だったが、良勝はこのうちの五千七百石を領し、残りは協力した家臣や木曽氏旧臣に分配した。なお、家康は不足分として木曽の白木五千駄(二千両)を山村家に与えたので、山村氏は合わせて一万石になったという。

山村氏の家臣は諸士、徒士《かち》、足軽など二百二十人前後だった。幕府の代官として木曽谷を支配した山村氏は、同時に木曽福島関所を管轄する関守を命じられた。ただ、木曽領は元和元年(一六一五)に新設された尾張藩(藩祖は家康の九男・義直)領に移管された。このため、山村氏も幕府の旗本から尾張藩士となった。ただ、相変わらず木曽の代官を務め、福島関所の関守も兼務した。

知られざる江戸後期の為政者、山村蘇門

講演会では、そんな山村氏の第九代にあたる蘇門《そもん》(良由)について話をしてほしいという依頼だった。主催は嚶鳴《おうめい》協議会という団体で、嚶鳴フォーラムというイベントでの記念講演を依頼されたのだ。同協議会の公式ウェブサイトによると、会の成り立ちとフォーラムについて、以下のように説明されている。

「嚶鳴フォーラムは、故郷の先人を通して、まちづくり、人づくり、心そだてを目指す自治体が一堂に会して、それぞれの歴史上の人物を通して、普遍的な人間の英知を再発見し、その英知を共有することによって、よりよき地域づくりへの道をともに学び、探りあい、それぞれの地域での取り組みと、フォーラムでの成果を全国に情報発信していくことにより、衆知を集めて、よりよき21世紀のまちづくり、人づくり、心そだてのあり方を探り、実現してゆくことを目的としたフォーラムです」

参加自治体は、恵那市(岐阜県)、大野町(岐阜県)、沖縄市(沖縄県)、小田原市(神奈川県)、釜石市(岩手県)、木曽町(長野県)、高鍋町(宮崎県)などだ。

参加自治体出身の偉人のなかには、上杉鷹山や二宮尊徳、広瀬淡窓、細井平洲、竹中半兵衛など有名な人物もいるが、その多くはそれほど知名度が高くない人物である。

今回の主人公である木曽町出身の山村蘇門もその一人だ。教科書に登場することはないし、歴史小説やテレビ・映画の時代劇で見ることもない。

正直、私もよく知らない人物だったので、講演会に際してはさまざまな文献にあたった。あらためて調べてみると、木曽代官兼関守として木曽領の財政を再建し、天明の飢饉のときには貧しい人々に金穀を与えて領民の飢え死にを防いだ。それによって代官出身ながら江戸詰の尾張藩家老に抜擢され、長年にわたってその職を勤め上げたことを知った。引退後は学者たちとの交流や出版事業の立ち上げなど、文化活動にも大いに貢献している。

今回は、そんな蘇門の生涯を詳しく紹介しつつ、木曽福島に残る蘇門の痕跡や木曽福島の関所を巡っていこう。

山村蘇門は寛保二年（一七四二）、第八代木曽代官・良啓《たかひら》の次男として生まれた。実父の良啓は江戸の分家からの婿養子だった。第七代良及に男児がなかったので、娘・猶《なお》の婿として迎え入れられたのだ。ただし、蘇門の母は猶ではなかった。猶が若くして没したため、その姉のたよが良啓に嫁ぎ、蘇門を生んだのである。

蘇門ははじめ七之助、その後は式部、さらに山村家の当主が代々名乗っていた甚兵衛と称したが、諱《いみな》（本名）は良由といい、蘇門と号した。江戸時代、人の名前はころころ変わり、なかなか煩雑だ。本書では山村蘇門で通すことにしたい。

地元の英傑、木曽義仲に憧れを抱く

蘇門は幼いころから読書を好み、十歳になると昼夜を問わず本を読み続けるようになった。「身体を壊してしまう」と危惧した侍医《じい》が父の良啓にそのことを告げたため、蘇門は読書を禁じられる。すると本が読めないことを嘆いて食事をとらなくなったので、良啓と侍医は仕方なく好きなようにさせたという。

読書は偉人をつくる。徳川家康は若いころから読書を好み、薬学の本や『吾妻鏡』に熱中し、晩年は書籍刊行事業を行っている。吉田松陰は子供時代から袂《たもと》に何冊も本を入れて暇さえあれば読書に勤しんでいた。黒船密航の罪で入獄していた一年間に、なんと六百冊もの書籍を読破したという。渋沢栄一や三菱の岩崎弥太郎も読書に熱中し、栄一は戦国武将に、弥太郎は三国志の英雄に憧れた。

蘇門の場合、地元の英雄である木曽義仲を敬愛するようになった。朝日将軍という異名を持つ源義仲はこの木曽谷で育ち、以仁王《もちひとおう》の平氏打倒の令旨に呼応して挙兵、たちまち北陸地方を制圧した。その後、平氏の大軍を倶利伽羅峠《くりからとうげ》で撃破し、そのまま京都を目指す。これに動揺した平氏は都落ちし、代わって義仲が入洛したのだった。

だがその後、義仲と対立した後白河法皇が鎌倉にいる源頼朝に助けを求め、頼朝は弟の範頼と義経を将として関東の武士たちを派遣。頼朝の大軍が近づいてくるなか、義仲は寿永三年（一一八四）一月に朝廷から征東大将軍（征夷大将軍とも）に任ぜられたが、宇治川の戦いで義経らと衝突して惨敗。敗走する途中、近江国粟津で自害しようとしたが、馬が深田にはまり身動きできなくなり、そこで敵に討ち取られてしまう。まだ三十一歳だった。

そんな悲劇の英雄を供養するため、木曽には室町時代に創建された興禅寺（地図2-⑥）という寺院がある。蘇門は若いころ、この寺で目にした義仲主従の絵に感激し、以後、関係史跡を訪ね歩くようになったという。

朝日将軍とも呼ばれた源義仲［徳音寺所蔵］

木曽地方には、義仲を養育した中原兼遠《かねとお》の屋敷跡（地図2-⑦）、木曽義仲公館跡（地図2-⑧）、義仲が挙兵した旗挙《はたあげ》八幡宮（地図2-⑨）、義仲と巴の墓がある徳音寺（地図2-⑩）、義仲と巴が水遊びをした巴ヶ淵（地図2-⑪）などなど、現在でも義仲に関係する史跡や伝承地が数多く存在する。それを巡って歩くのも楽しい。

特に、令和三年（二〇二一年）にリニューアルオープンした義仲館（地図2－⑫）はおすすめだ。平成四年（一九九二）に開館した義仲の資料館だが、単に義仲や木曽町の関連資料や遺物が展示されているだけではない。館内には鮮やかなアート作品があちこちに飾られており、まるで現代美術館のようなのだ。

蘇門は木曽義仲という英雄に憧れ、若いころから彼に関する多くの漢詩を詠んでいる。文化十年（一八一三）、七十二歳になった蘇門は義仲の生涯とその功績を讃えた漢詩をつくり、その詩を大きな石碑（木曽宣公舊里碑《きゅうりひ》）に刻んで旗挙八幡宮に建立した。

青年時代から地元の英雄に大きな誇りを感じ、自分もそうなりたいと切望してきた蘇門は、義仲の偉業がずっと継承されていくことを願い、晩年になって義仲ゆかりの地に記念碑を置いたのだろう。今なお石碑は同じ場所に立っている。

人格形成を助けた多くの師

義仲に憧れた少年蘇門が、初めての師としたのが三村道益《どうえき》であった。道益は山村家の侍医・本草学者で、若いころに名古屋の松平君山《くんざん》や江戸の大内熊耳《ゆうじ》、京都の山脇東洋に学び、その医術は「神工」と讃えられていた。

特に薬草の研究に力を入れるなかで木曽に薬草が豊富に自生していることを知ると、薬園をつくってその効能を調べ上げ、薬草の売買で木曽の人々を豊かにしようと考えた。そして、尾張藩から金を借りて村人たちに採取道具を配布、『木曽薬譜』を著して村人たちを啓蒙し、薬草の栽培方法や出荷を指導した。残念ながら道益は三十二歳という若さで没してしまったが、代官になってからの蘇門の言動を見ると、師の道益から「民のために尽くす心」を教わったのは間違いないだろう。

宝暦十一年（一七六一）、蘇門は二十歳のとき将軍家治に御目見得《おめみえ》した。将軍に会うとは、その家の跡継ぎと認められることを意味した。蘇門には十一歳年上の異母兄・良恭がいたが、蘇門が十八歳のときに二十九歳で病没してしまった。これにより、次男ながら蘇門が山村家の家督を相続することになったのである。

将軍御目見得で江戸にしばらく滞在した際、蘇門は大内熊耳に師事した。熊耳は荻生徂徠に学び浅草で塾を開いていた儒学者で、岡崎藩に仕えていた。木曽に戻ってからも蘇門は、疑問点をまとめては書状で伝え、熊耳がそれに答えるという通信教育で師弟関係を続けた。

このほか蘇門は、京都の江村北海、伊勢の南宮大湫《なんぐうたいしゅう》、さらに細井平洲からも教えを受けた。平洲はあの上杉鷹山の師でもある。こうした良師たちの啓蒙を受け、蘇門は人格を育てていったのだろう。さらに学問だけでなく、長沼流兵法、弓馬や刀槍術、楽器、書画、囲碁など、実に多趣味な人でもあった。

江戸時代の風情を残す木曽福島の関所跡

明和二年（一七六五）、二十四歳のとき、蘇門は一つ年上のかや子（信濃国伊豆木の領主・小笠原氏出身）と結婚し、二人の女児に恵まれた。そして天明元年（一七八一）、第九代木曽代官に就任したのである。このときすでに四十歳になっていたが、以後は木曽領内を支配するとともに福島関所も統括することになった。

中山道の福島関所は、箱根、新居、碓氷と並ぶ「四大関所」と言われるほど重要視されていた。現在も関所跡が保存され、敷地内に資料館もある。

資料館には駐車場も用意されているが、木曽福島駅から歩いて二十分程度で着く。駅から関所までの旧中山道沿いは木曽福島宿があった地域なので、江戸時代の宿場の雰囲気を味わうために、徒歩で行くことをおすすめしたい。

まずは駅前の土産物店を正面に見て、向かって右（東京方面）へ行く。この道は旧中山道である。左手には写真屋、弁当屋、スナック、床屋などが続き、八沢通りと呼ばれる地域に入ると、今度は道の両側に蕎麦屋、漆器店、酒店、旅館、文房具店、化粧品店、銀行といった店舗が隙間なく連なっている。人口一万人とは思えないほどの密度だ。

旧中山道の右側には山がせり出し、左手には眼下に木曽川の急流が走る。平地が非常に限られているため、このように家屋が街道沿いに密集した状態になるのだろう。

牛越小路入口を左へ折れて八沢川を渡るが、すぐ道路が行き止まりになり、突き当たりで左右に分かれる。右手の細道には昔ながらの井戸がある。中山道は左側だが、その先もすぐ直角に道が折れ曲がっている。なんともややこしいが、宿場町にはよく見られる地形だ。もちろん、防衛上の配慮からあえてこうした形状にしているのである。

このあたりまで来ると、黒い板塀や海鼠塀の家々が多くあり、江戸時代の風情をよく残している。先に述べた上ノ段という地区である。あちこちに路地もあるので、入り込んで探索するのも楽しい。

つづら状になった道をうねうね進んでいくと、やがて復元された高札場が見えてくる。高札場とは、宿場の入口にある幕府や藩の法度《はっと》（法令）をかかげる場所だ。大きな絵馬のような板がいくつもかかり、さまざまな禁令や決まり事が記されている。

時間に余裕があるなら、このあたりで中山道に並行して走る左手の大通り（長野県道461号線）に出るとよい。通り沿いには親水公園（地図2-⑬）があり、木曽川を眺めながら足湯につかる場所も用意されている。ひと息入れるにはちょうどいい。

木曽川沿いに並ぶ不思議な「崖家造り」――

木曽川沿いにある木曽福島宿には湧水や権現滝から引いた水場がいくつもあり、水車なども回っている。せっかくなので足湯で休息したあとは、木曽川の河原に下りてみよう。川辺に立つ建物の景観を目にして、おそらく多くの方は驚くはずだ。たとえば川面から行人橋方面（木曽福島駅方面）へ目を転じると、崖のようになった両岸に木造家屋がびっしり並んでいる。表通りからは平屋や二階建てに見えるが、反対の川面から見ると三階、四階建てになっているのだ。川に向かって傾斜する崖っぷち（河岸段丘）に基礎柱を多く打ち込み、その上に構造物を載せている。

川側からは三階建て、四階建ての建物に見える「崖家造り」

こうした建築様式を「崖家造り」と呼ぶが、家の床が基礎柱より川の方向へせり出している家屋もある。護岸をコンクリートや石垣で補強している箇所もあるが、岩盤がむき出しになっているところも少なくない。家屋が川下へ崩れ落ちるのではないかと心配になるが、岩盤が固いのでとりあえずは問題ないようだ。

なお、こうした建物は江戸時代には存在せず、二十世紀はじめに山と川に挟まれた矮小な土地を有効活用するために始まったと言われる。もちろん木曽町の崖家造りは今の建築基準法を満たしていないため、建て替えはできない。

この風景は極めて壮観なので、多くの観光客が崖家造りの建物群を見に木曽町を訪れるという。観光遺産とも言える存在だが、今後はどのように洪水や老朽化から崖家造りの建物を守っていくのかが課題になるだろう。実際、数年前の大雨では家屋に被害が出ている。今後もこの見事な光景をうまく保存していってもらいたい。

関所が「入鉄砲に出女」を取り締まっていた理由

木曽川から再び親水公園に戻り、大通りをそのまま進むと、道は宿泊した「いわや」あたりで旧中山道と一体化する。本町商店街という名の通り、中山道の両側に商店が軒を連ねる。さらに五、六分行くと、右手に福島関所ののぼり旗が現れる。階段を上ると、関所の番所を復元した立派な福島関所資料館（地図2-⑭）がある。

資料館には福島関所のジオラマや関所手形、火縄銃や火薬、十手や手錠、首かせなどが展示されている。ジオラマを見ると、山裾を縫うように流れる木曽川と平行して中山道が

福島関所資料館では、関所の通行に関する資料や置かれていた武具などが展示されている

走り、山（日ノ井山）と川がもっとも狭くなっているところに関所がつくられていることがわかる。周囲は高い柵で囲われており、旅人は必ずこの関所に入らなければ先へ進めない構造になっている。

ちなみに、資料館と隣接する関所跡には番所跡や井戸跡、東門跡などの碑があるが、立派な柵や門も復元されており、一見の価値がある。

福島関所は当時、木曽福島宿の東端にあり、道行く人々は関所に留められ、笠や頭巾を脱いで面番所でチェックを受けてから通過した。幕府が取り締まるのは、よく知られているように「入鉄砲に出女」、つまり江戸に入る鉄砲などの武器類と江戸から出ていく女性である。武器が江戸に入ると大名の謀反などの可能性が大きくなる。また、江戸住まいを義務づけられている大名の正妻や子供が江戸から逃げてしまえば、反乱を起こしやすくなる。だから、この二つを厳しく取り締まったのだ。

江戸へ持ち込まれる武器類をチェックすることを鉄砲改《てっぽうあらため》と呼んだ。鉄砲のほかに弾丸や火薬、さらに弓矢や鎗《やり》、長刀も検査の対象だった。ただし、武士の刀や脇差しは対象外であった。

関所を通過するにあたり、大名や旗本は事前に武器の種類と数、持ち主や運び込む場所を記した鉄砲手形を幕府に発行してもらう必要があった。大名などが武器類の詳細を書いた申請書に老中が裏書きを与えて手形とする場合と、申請を受けてあたらめて鉄砲手形をつくる場合があった。その形式ははっきり定まっていないが、関所ではそうした鉄砲手形を見ながら、種類や数を厳しく確認するのだ。

また、江戸方面から関所を通過する場合、女性は関所手形（女手形）が必要だった。女手形は偽書ではないかどうかを厳しく臨検した。

山村蘇門の父・良啓が関守だった宝暦五年（一七五五）、京都所司代が作成した女手形に不審があった。乗物四挺に乗った一行のうち一人の女は「小女」（少女）と記載されていた。実際、振袖姿なのだが、なんとお歯黒をしていた。お歯黒は既婚者の象徴である。事情を聞くと、十七歳で未婚だが、小さいころから歯が悪いのでお歯黒をつけているのだと弁解した。手形を作成した京都所司代もこのことは認識しており、「もし福島関所で指摘されたら、所司代も周知のことだと話せ」と言われたと、女の同行者が関所の番士に経緯を伝えたのである。

そこで関守の良啓ら関所関係者は相談し、最終的に証文（手形）通り、お歯黒の女を小女として通関させた。本来なら手形所持者に再度京都所司代のもとに向かわせ、その旨を記した手形を再発行させるべきだったが、良啓は柔軟に対応したのである。おそらく、この「小女」が出女ではなく、京都方面から江戸へ向かう「入女」だったから大目に見たのかもしれない。

実は、主な関所では「入女」も女手形を提示し、検閲を受けていた。農村の女性が江戸へ流出すると人口が減り、農業生産に影響が出るため、出女を禁じて地域の人口維持を図っていたわけだ。さらに、人買いによって密かに遊廓などへ売られる人身売買を検閲する目的もあった。

関所破りの裏にあるさまざまな事情

次いで、木曽福島関所での関所破り事件を紹介しよう。

寛永十三年（一六三六）五月六日朝、関所の東門が開くと同時に浪人風の男が敷地に飛び込んできた。門番を切り捨てるや、男はそのまま関所を走り抜けて逃亡したのである。仰天した関所の役人たちは総出で探索した。すると翌日、寺沢薬師堂の縁下に男が潜んでいるのを発見。関守の山村良豊（蘇門の曾祖父）は家臣の末木弥左衛門を現場へ派遣した。

男が激しく抵抗したので、最終的に弥左衛門は彼を銃殺したという。おそらく乱心によるものと思われるが、男の身元は一切記録に残っていない。

福島での関所破りはこれを含めてわずか四例だが、残りは女性がらみである。

延宝九年（一六八一）七月七日夜、近くの上田村から福島関所に連絡が入った。女手形を持たない尼が息子の市松を連れて村に来たものの、その後、行方知れずになったというのだ。実は関所近在の村には、旅人の怪しい動きを関所に報告する義務があった。

これを受けて福島関所は近隣の村々にも情報を伝達し、さらに裏関所である贄川《にえかわ》関所と妻籠関所に連絡した。裏関所というのは、関所近くの脇道に設けられた関所のことだ。中山道の福島関所を通らず、脇道を抜けようとする旅人を防ぐために設置していた。

これは他の五街道も同じだった。たとえば東海道の箱根関所の脇道には、仙石原、根府川、矢倉沢、川村、谷ヶ村という五つの裏関所があった。

福島関所は木曽谷の一番狭い場所にあり
関所抜けは困難だった

福島関所の脇道は、無断通行できないようになっていた。となると、関所破りをするには険しい山を越えることになる。そうした関所周辺地域は要害区域といって、関所の役人が定期的に巡回し、近隣の村人たちも目を光らせていたので、山越えは極めて困難だった。

行方知れずになった尼は、上田村から山越えをして水無神社方面に抜けたが、上松という場所で捕らえられた。通常であれば死刑だが、翌年釈放され息子は本籍地に送り返された。規定と大きく異なる軽い罰だが、よんどころない事情があり、それが考慮されたのだろう。この判断を下したのも、蘇門の曾祖父だった山村良豊だったと思われる。

五代木曽代官・良忠（良豊の子）の時代の天和二年（一六八二）、甲斐国葛籠沢《つづらさわ》村の忠助が関所を通過しようとした。忠助は十一、二歳の少年を連れていたが、その腰つきを見て違和感を覚えた関所の役人は、少年を女改《おんなあらため》にかけたところ、なんと月代《さかやき》を剃って男に見せかけた十二歳の少女だった。いわゆる「偽計通行」をしようとしたのだ。

関所には人見女が常駐し、関所を通る怪しい女を検査していた。箱根関所の場合、代々近くの農家の女性が二人体制で人見女をしていた。人見女は、旅の女性の髪をほどいて詳しく調べ、場合によっては裸にして調べることもあったようだ。東海道の新居関所には「女改之長屋」という専門の部屋があった。

こうして忠助と少女は逮捕された。幕府に二人の措置を問い合わせた結果、忠助は斬罪のうえ獄門に処された一方、娘は赦免された。ただし、なぜ忠助が少女を少年と偽って関所を抜けようとしたのかはわからない。

次の関所破りは時代が九十年ほど下った明和五年(一七六八)、蘇門の父・良啓が関所を管轄していたときのこと。

六十六部法入という人物が同行者三名を連れて関所を通過したが、「どうも様子が怪しい」と思った役人が後を追いかけて捕縛した。すると、そのうちの一人が女だったのである。そこで法入を牢へ入れて公儀に処罰を問い合わせることにしたが、ひと月も経たないうちに牢死してしまった。幕府の命を待つため、とりあえず遺体を塩水保存していたが、ようやく翌年正月になって「遺体をかたづけよ」という指示が出たのだった。

関所は行政府としての機能も担っていた

二百五十年以上も存続していた福島関所における関所破りがわずか五例とは、あまりに少ない。これをもって江戸時代の人々に遵法精神が根づいていたと考えるのは早計である。『木曽福島町史第一巻 歴史編』(木曽福島町発行)は、次のように推測している。

「これ等の事件があると山村家の厄介は一通りではない。のみならず身元調査のため其入費も夥《おびただ》しいものがある。従つて成るべくは誘導して申訳を立てさせ不案内参り懸りという事にして送り戻しを行うようにしていた。爾後《じご》偽計通行と思わるるものの見逃がされて送り戻された数例を認めることが出来る。」

驚くことに、関所の偽計通行が発覚しても穏便に処理していたというのだ。これは木曽福島関所に限ったことではない。同じく中山道の碓氷関所でも関所破りは数例しかないし、前述した東海道の箱根関所は六件、新居関所に至っては二件だけだ。

偽計通行が発覚すると取り調べや処罰がいろいろ煩雑なうえ、調べるための費用も必要になってくる。だからどこの関所でも、役人や近隣の住人たちは、よっぽどのことがなければ見て見ぬふりをしていたようだ。

なお、元禄時代の福島関所では「着込み十人分、弓五張、鉄砲二十挺、鎗十五筋、手錠五つ、早縄十筋、突棒二本、刺股《さすまた》一本、ひねり一本、手木一本」（『木曽福島町史』）を常備していたと判明している。これは鉄砲や鎗数だけでいうと箱根関所よりは多いが、こんな備えでは近隣に大規模な一揆や反乱が起きても関所を守りきれないだろう。

実際、蘇門の父である良啓の時代には、明和の騒動（一七六九）という危機的な出来事があった。明和六年二月二日、近隣の村々から千二百人以上の農民が集結し、関所近くに押し寄せてきたのだ。その夜は数百人が福島宿の入口各地でかがり火をたき、各所で大騒ぎをした。良啓は家臣を総動員して鉄砲に火薬を装填するなどの臨戦態勢をとり、二十八歳の蘇門も甲冑を身につけた。結局、家臣たちの長時間に渡る説得の結果、農民たちは引き上げていったという。

凶作なのに町の商人が米を買い占め、物価が高騰したことが原因だった。生存権を脅かされたとき、領民は権力に平然と牙をむく。為政者として、人々の暮らしをどう守るのか。若き蘇門は責任の重さを痛感したことだろう。

僚友と共に財政を立て直す

天明元年(一七八一)、蘇門は家督を相続し、第九代木曽代官兼関守となった。ただ、このころ山村家にはなんと一万両もの借財があり、ひどい財政難だった。その理由の一つが、木曽の山林支配を尾張藩が握ってしまい、山からの収入が激減したことにあった。この窮地を救ったのは、家臣の石作駒石《いしづくりくせき》であった。

十七歳のときに家督を継いで山村良啓に仕えるようになったが、蘇門と同世代(駒石が一歳年上)だったことで二人は仲良くなり、蘇門は二十六歳の駒石に学問を本格的に学ぶことをすすめた。駒石は学び始めるには年をとりすぎていると思ったが、そのすすめに従い、伊勢の南宮大湫のもとに遊学することになった。主君・良啓(蘇門の父)は禄を加増して遊学を後押ししてやった。三年後に帰郷すると、駒石は蘇門の学友となった。

蘇門が家督を次いで数年後、駒石を勘定役（財政担当）に任じ、傾いた財政の再建を一任した。駒石四十五歳のときのことである。

以後三年間、駒石は山村家に涙ぐましい質素倹約を断行させるとともに、同家に金を貸している地元の商人たちを集めて実情を話し、借金の帳消しや献金への転換を求めた。山村家の努力や駒石の誠実さに商人たちは納得し、証文を焼却したという。だが本音を言えば、借金の帳消しは商人たちにとってはいい迷惑だっただろう。単なる美談ではすまない。当時、領主と商人は利権で密接につながっており、拒否すれば地元で商売ができなくなる。もちろん山村家も、無償で借金を帳消しにするのは情け知らずだと考えたのだろう。借金帳消しの代償として、商人たちに名字帯刀を許したのだった。

山村家のために言っておけば、武家が貧しくなり借金の帳消しを求めることは、多かれ少なかれどの大名家もやっていた。これは幕藩体制という構造上の問題と言えた。

駒石の努力によって財政は再建されたが、寛政九年（一七九七）に五十七歳で病死してしまう。駒石は蘇門にとって単なる重臣ではなく、若いころから学問や漢詩を学び合った親友であった。このとき蘇門は、「なんということだ。こんなに早く死んでしまうとは。老いて寂しさが募る。この身はどうなるか」という内容の悲痛な漢詩を残している。

飢饉への対応が松平定信の目に止まる

天明年間は浅間山の噴火などが原因で東北地方を中心に冷夏が続き、数年間の大飢饉(天明の飢饉)が発生。天明七年(一七八七)には木曽も飢餓状態に陥った。木曽は山国なので、領民たちを生かすだけの米がとれない。米穀は周辺諸藩から買い入れていたが、飢饉のなかで米の確保が難しくなった。

蘇門は主家の尾張藩や幕府に米を送るよう求めるとともに、美濃や松本から必死に食糧をかき集めた。さらに蘇門は、数名の家臣や侍医を連れて領内三十二カ村すべてを巡視した。各村では庄屋などの役人から村内の状況を聞き取り、貧しい人々を呼び出して金穀を与えていった。結果、木曽領内では誰一人として飢え死ぬことはなかった。

領民たちは蘇門に大いに感謝し、神のごとく崇《あが》めるようになった。

その後、老中の松平定信が木曽路を通過した際、蘇門の善政を知った。実は、定信が藩主を務める白河藩も、彼の努力によって一人も死なせることがなかったのだ。おそらく、無二の同志を見つけた思いだったのだろう。感激した定信は、蘇門を幕府の老中に抜擢しようと考え、山村家の主家・尾張藩主に許可を求めたという。

ただし、この話は史実とは思えない。老中に就けるのは譜代大名だけであり、陪臣の山村氏にはその資格がないからだ（こうした地元の偉人を讃える脚色話は各地に見られる）。

おそらく実際は、松平定信が木曽を通る際に蘇門の善政を耳にし、後日それを尾張藩主に話した程度だったのではないだろうか。逆に考えれば、「老中に抜擢しようとした」という尾ひれがつくほど、山村蘇門が地域の人々に愛されていたのだ。

尾張藩の家老へ異例の抜擢

もちろん、蘇門が有能だったのはまごうことなき事実である。

天明八年（一七八八）、四十七歳の蘇門は尾張藩主・徳川宗睦《むねちか》から三千石をもって尾張藩の家老（江戸詰）に抜擢されたのだ。木曽代官が本藩の家老に就任するというのは、前代未聞のことである。しかも勤務地は江戸だ。幕府や諸藩の重臣と対等に外交できるだけの高い教養があると判断されたのだろう。

蘇門が江戸詰の家老を務めていた時期、こんな逸話が残っている。

ある幕臣が蘇門に対し「あなたは山中にお育ちになったのですから、さぞかし栗を焼くのがうまかろう」と愚弄した。すると蘇門は、後日その者を自分の屋敷に招き、炉中に多くの炭を入れて火力を強くし、一気に一斗もの栗を火中に投じたのだ。熱せられた栗は音を立てて部屋のあちこちにはじけ飛ぶ。仰天する幕臣に向かい、蘇門は「さあ、どうぞ召し上がれ」と言い放ったという。

宗睦は、権力に物怖じしない蘇門の胆力を買ったのかもしれない。

寛政五年（一七九三）、五十二歳の蘇門は朝廷から従五位下伊勢守に叙された。朝廷の位階を受けるのも山村氏始まって以来のことであった。叙位は尾張藩の推薦に加えて幕府の承認が必要であり、蘇門の抜群の働きが評価されたのである。

しかしそれから五年後の寛政十年（一七九八）、五十七歳の蘇門は病を理由に尾張藩に家老の辞職を申し入れた。盟友の石作駒石が没した翌年であり、心境の変化があったのかもしれない。このとき藩主の宗睦は蘇門を引き止めたが、蘇門は「人が止めてくれるときこそ、退くときなのです」と主君の慰留を固辞した。

以後は江戸（芝）の屋敷や隅田川沿いの別邸ですごし、ときおり名古屋や故郷の木曽に赴《おもむ》いた。また、細井平洲や古賀精里《こがせいり》、神保蘭室《じんぼらんしつ》、樺島石梁《かばしませきりょう》といった学者たちと交流して優れた漢詩をつくるなど、文芸活動に熱中する後半生を送った。

蘇門は漢詩集として『清音楼詩鈔』『清音楼集』『忘形集』を刊行したが、書籍の印刷は木曽の代官屋敷内につくられた出版工房で行われた。

見どころが多い山村代官屋敷

山村氏の代官屋敷（地図2－⑮）は、下屋敷の一部が現存している。代官屋敷は戦国時代の木曽義昌の屋敷跡に置かれ、歴代山村家の当主が住した。江戸時代には三十近い建物が並んでいたが、現在では敷地のほとんどが木曽町立福島小学校になっている。小学校の入口には、延享四年（一七四七）に改修された代官屋敷東門跡の石垣を見ることができる。

せっかくなので嚶鳴フォーラムでの講演会のあと、木曽町の学芸員の方に現存する山村代官屋敷を案内していただいた。

代官屋敷は、木曽川を挟んで福島関所の対岸に位置する。大手橋（地図2－⑯）で川を渡って屋敷へ向かうが、渡り終わる際に学芸員の方が、「この橋って、日本最古の鉄筋コンクリート橋なんですよ」とぼそりと言った。

思わず、「えっ」と聞き返してしまった。大手橋は戦前、何度も木曽川の洪水で流されたため、頑強なものに掛け替えるべく昭和十一年（一九三六）、工学博士の中島武が設計して架橋した。それが、いま目の前にある鉄筋コンクリート・ローゼ桁橋なのだそうだ。

それほど貴重な構造物なのに、橋の入口脇に控えめに案内板があるだけだった。実にもったいない。博物館や資料館に橋の模型などを置いたり、駅構内に橋の写真を貼り出したりして、もっと大々的に宣伝すればいい観光資源になるはずだ。

橋を渡ると、大きな石垣の上に板と白壁で構成された立派な瓦塀《かわらべい》が見えてくる。ここが山村代官屋敷である。立派な屋敷門をくぐり、杉並木の石畳を抜け、左手から屋敷へ入る。この建物は享保八年（一七二三）以降につくられたものと言われ、代官山村氏の子孫が日本銀行の副総裁になった関係から、日本銀行の保養所として使用された時期もあった。近年は、屋内に木曽代官山村氏ゆかりの品々が展示されている。また、石作駒石の書斎である「翠山楼」も移築された。

屋敷には駒ヶ岳を借景とした池泉《ちせん》回遊式（築山泉水《つきやませんすい》様式）の下屋敷庭園がある。古い窓ガラスなのだろう。屋内からゆがんだガラス越しに見る名庭の眺めは趣がある。代官屋敷にはかつて、こうした庭が三つあったそうだ。

屋内の展示物も素晴らしい。代官の衣装や笠、甲冑、消防衣装、印鑑をはじめ、刀剣ファンにはたまらない備前長船《びぜんおさふね》の名刀、江戸時代のひな人形に復元された饗応料理、そして、ちょっと驚いたのが代官を守る山村稲荷だ。室内に祠《ほこら》があるうえに、狐のミイラが展示してある。稲荷の眷属《けんぞく》（神が遣わす使者）は狐だが、明治時代に代官屋敷を解体しているとき、屋内からこのミイラが見つかったというのだ。当時は屋敷の守り神だと大騒ぎになり、今も大切に保管されている。狐のミイラを目にしたのは初めてのことだった。

屋内には山村蘇門の遺品も多い。花鳥を描いた日本画や書（漢詩）、そして先述した代官屋敷の出版工房で作成した書籍と版木である。出版事業は大脇文明など専属の家臣たちが中心となって行われた。出版物には一般的な字体ではなく、とても品格のある、細くて美しい文字が使われている。版木には板の反りを防ぎ、版木を保護する端食《はしばみ》がついている。

人生の長い旅路を木曽で終える

山村蘇門の出版事業は、特筆すべき功績と言える。江戸時代は識字率が高く、多種多様な出版物が出回った。ただし、版元は江戸や大坂、京都、名古屋などの大都市圏に多く、商業利益を目的にした大量頒布だった。一方、蘇門の出版事業は版木づくりから印刷、製本までのすべてをこの木曽で行ったのである。しかも美しい字体の、端食をつけた版木からもわかるように、利益を目的にするのではなく、木に彫ることで作品を未来に伝えよう、永遠に残そうという意図が明確に見てとれる。遠大な視点を持っていたのだ。

文政六年（一八二三）正月十六日、蘇門は八十二歳の生涯を閉じた。後半生を江戸ですごしてきたからか、亡くなる前年からしきりに木曽に戻りたいと漏らすようになったという。数年前から病気がちだったので家族や家臣は帰省に反対したが、十一月一日に強引に出立してしまう。十一日に木曽に到着し、無事に翌年の正月を迎えた。

「仙人のようになって木曽の山に降り立ち、ここで正月を迎えようとは。幸い神通力を持った仙人の持つような薬が手に入って、八十二歳の正月を迎えようとしている」(井口利夫著『山村蘇門』木曽福島町教育委員会)という意味の漢詩を詠むくらい元気だった。

ところがその後まもなく苦しみ出し、十六日に急逝してしまったのである。

臨終に際して、蘇門は子孫に次のような漢詩を残した。

「良子終わりに臨んで何の言う所ぞ　我家世世関門を守る　関門美なるかな山河の固め　惟、すべからく武を講じ　主恩に答うべし」

武を怠らず、主君のために関所を守り続けよと述べたのだった。

今も福島関所跡に立つと、眼下に木曽川が蕩々と流れ、寄り添うように旧中山道がはしり、道に沿って家々が連なっているのが一望できる。

「美矣山河固　関門傍水濱　只今何用閉　往来太平人」

これは、蘇門が福島関所について詠んだ漢詩である。

「美しかな山河の固め　関門は水濱《すいひん》に傍《そ》う　只今何ぞ閉ざすを用いん　来往する太平の人」と読み下す。

「なんとりっぱで美しい山や川の備えだ。関所の門は、川のそばに立っている。けれども今関所を守るために門を閉める必要もない。関所を通って行き来する人々は、みんな平和

な世の中の人だから」（前掲書）

おそらく山村蘇門は、関所の門を閉ざす必要のない太平の世を理想として詠んだのだろう。そんな蘇門の願いは、彼の死後半世紀を経て実現することになった。

青春新書 INTELLIGENCE

こころ涌き立つ「知」の冒険

いまを生きる

〝青春新書〟は昭和三一年に――若い日に常にあなたの心の友として、その糧となり実になる多様な知恵が、生きる指標として勇気と力になり、すぐに役立つ――をモットーに創刊された。

そして昭和三八年、新しい時代の気運の中で、新書〝プレイブックス〟にその役目のバトンを渡した。「人生を自由自在に活動《プレイ》する」のキャッチコピーのもと――すべてのうっ積を吹きとばし、自由闊達な活動力を培養し、勇気と自信を生み出す最も楽しいシリーズ――となった。

いまや、私たちはバブル経済崩壊後の混沌とした価値観のただ中にいる。その価値観は常に未曾有の変貌を見せ、社会は少子高齢化し、地球規模の環境問題等は解決の兆しを見せない。私たちはあらゆる不安と懐疑に対峙している。

本シリーズ〝青春新書インテリジェンス〟はまさに、この時代の欲求によってプレイブックスから分化・刊行された。それは即ち、「心の中に自らの青春の輝きを失わない旺盛な知力、活力への欲求」に他ならない。応えるべきキャッチコピーは「こころ涌き立つ〝知〟の冒険」である。

予測のつかない時代にあって、一人ひとりの足元を照らし出すシリーズでありたいと願う。青春出版社は本年創業五〇周年を迎えた。これはひとえに長年に亘る多くの読者の熱いご支持の賜物である。社員一同深く感謝し、より一層世の中に希望と勇気の明るい光を放つ書籍を出版すべく、鋭意志すものである。

平成一七年　　刊行者　小澤源太郎

著者紹介

河合　敦〈かわい あつし〉

歴史研究家、歴史作家。多摩大学客員教授、早稲田大学非常勤講師。1965年、東京都生まれ。青山学院大学文学部史学科卒業。早稲田大学大学院博士課程単位取得満期退学（日本史専攻)。「世界一受けたい授業」(日本テレビ)、「歴史探偵」(NHK)、「日本史の新常識」(BSフジ)、「ごごカフェ」(NHKラジオ)など多くのメディアに出演する他、執筆、講演、テレビ時代劇の時代考証、監修など、幅広く活躍中。『早わかり日本史』(日本実業出版社)、『殿様は「明治」をどう生きたのか』『幕末・明治 偉人たちの「定年後」』(扶桑社文庫)など著書多数。

歴史《れきし》の真相《しんそう》が見《み》えてくる 旅《たび》する日本史《にほんし》

青春新書 INTELLIGENCE

2024年4月15日　第1刷

著　者　河《かわ》合《い》　敦《あつし》

発行者　小澤源太郎

責任編集　株式会社プライム涌光

電話　編集部　03(3203)2850

発行所　東京都新宿区若松町12番1号 〒162-0056　株式会社青春出版社

電話　営業部　03(3207)1916　振替番号　00190-7-98602

印刷・中央精版印刷　製本・ナショナル製本

ISBN978-4-413-04692-3